60-Sekunden-Andachten
Augenblicke mit Gott
365 Inseln im Alltag

SCM

Stiftung Christliche Medien

Wenn nicht anders gekennzeichnet, sind die Bibelverse der Übersetzung Neues Leben entnommen: Neues Leben. Die Bibel © 2002 und 2005 SCM Hänssler im SCM-Verlag GmbH & Co. KG, Holzgerlingen.

Bibelverse mit der Kennzeichnung ELB: Elberfelder Bibel © 1985/1991/2006 SCM R. Brockhaus im SCM-Verlag GmbH & Co. KG, Witten.

Bibelverse mit der Kennzeichnung LUT: Lutherbibel, rev. Text 1984, durchgesehene Ausgabe in neuer Rechtschreibung, © 1999 Deutsche Bibelgesellschaft, Stuttgart.

Bibelverse mit der Kennzeichnung HFA: Hoffnung für alle®, Copyright © 1983, 1996, 2002 by International Bible Society®. Verwendet mit freundlicher Genehmigung des Verlags.

Bibelverse mit der Kennzeichnung GNB: Gute Nachricht Bibel, revidierte Fassung, durchgesehene Ausgabe in neuer Rechtschreibung © 2000 Deutsche Bibelgesellschaft, Stuttgart.

Bibelverse mit der Kennzeichnung SCH: Bibeltext der Schlachter Copyright © 2000 Genfer Bibelgesellschaft. Wiedergegeben mit der freundlichen Genehmigung. Alle Rechte vorbehalten.

© 2009 SCM Collection im SCM-Verlag GmbH & Co. KG, Witten
Gesamtgestaltung und Satz: Johannes Schermuly, Wuppertal
Druck: Golden House Products Company Limited
ISBN 978-3-7893-9394-5
Bestell-Nr. 629.394

60-Sekunden-Andachten

Augenblicke mit Gott

365 Inseln im Alltag

zusammengestellt von
Friederike Tegge

SCM Collection

1. JANUAR

Petrus fragte Jesus: „Was ist mit ihm, Herr?" Jesus erwiderte: „Wenn ich will, dass er am Leben bleibt, bis ich wiederkomme, was geht das dich an? Folge du mir nach!"
(Johannes 21,21-22)

Wie oft schiele ich nach der anderen? Sie hat alles, was ich nicht habe: Abi, Studium, sie ist schlanker … Gerade erst hatte Petrus ein wunderbares Gespräch mit Jesus. Er wirft einen Blick zur Seite und sieht Johannes: „Was wird denn aus ihm?" Es ist befreiend, wie herrlich direkt Jesus hier sofort einen Riegel vorschiebt: „Was geht es dich an?" Er wendet meinen Blick weg von der Person, mit der ich mich vergleiche, hin zu ihm und zu meinem individuellen Weg mit ihm: „Folge mir nach!"

Christel Eggers

2. JANUAR

*Deshalb verhaltet euch nicht wie ängstliche Sklaven.
Wir sind doch Kinder Gottes geworden …*
(Römer 8,15)

Wer seine Identität in etwas sucht, das außerhalb seiner selbst liegt – einem anderen Menschen, an dem er sich hochzieht, einer bestimmten Position oder einem gesellschaftlichen Status, den er sich erworben hat –, ist sehr verletzlich, da weder andere Menschen noch Positionen und Umstände stabil oder „verlässlich" sind. In einer gebrochenen Welt werden Menschen verlassen, verlieren ihren Arbeitsplatz, ihre gesellschaftliche Position, ihr Geld. Vergessen Sie nicht: Ein Christ ist ein Königskind und hat es nicht nötig zu beweisen, dass er etwas wert ist!

Noor van Haaften

3. JANUAR

Gottes Geist will euch mit einer völlig neuen Gesinnung erfüllen. Ihr sollt den „neuen Menschen" anziehen, wie man ein Kleid anzieht.
(Epheser 4,23-24; eigene Übersetzung)

Wann haben wir uns das letzte Mal so darüber gefreut, Christ zu sein, dass wir es stolz überall präsentiert haben? Ist uns das neue Kleid schon lange zum Alltagsgewand geworden, das wir gerne tragen, solange wir zu Hause in der Gemeinde unter Christen sind, aber das wir auch gerne unter einem Mantel verstecken, wenn wir das Haus verlassen? Vielleicht ist es an der Zeit, unser Kleid einmal zur Reinigung zu bringen oder sogar zum Änderungsschneider?

Birgit Bolay

4. JANUAR

Darauf sagte Jesus: „Kommt, wir ziehen uns an einen einsamen Ort zurück, wo ihr euch ausruhen könnt."
(Markus 6,31)

Jesus selbst kam in seinem Dienst für andere an Grenzen, wo er sagte: „Genug ist genug. Heute keine Heilungen mehr. Keine Speisungen. Keine Verkündigung. Keine Seelsorge. Meine Freunde und ich steigen jetzt in das kleine Boot da, fahren über den See und schlagen da für zwei, drei Tage irgendwo draußen unser Lager auf. Genug ist genug."

Bill Hybels

5. JANUAR

Gott legt uns eine Last auf, aber er hilft uns auch.
(Psalm 68,20; LUT)

Eigentlich wollte ich Medizin studieren. Dazu brauchte ich das Abitur, und dazu hätte ich Mitglied der kommunistischen Jugendorganisation FDJ sein müssen. Diese Entscheidung war eine schwere Herausforderung. Die Frage nach dem Willen Gottes bewegte mich. Ich entschied mich gegen die FDJ, somit gegen das Abitur und schlussendlich gegen meinen Studienwunsch. Aber ich wusste: Er, um dessentwillen ich das tat, hält eine Zukunft für mich bereit.

Astrid Eichler

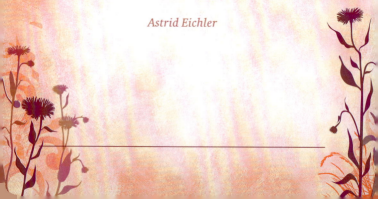

6. JANUAR

Du freust dich, wenn ein Mensch von Herzen aufrichtig und ehrlich ist; verhilf mir dazu, und lass mich weise handeln!
(Psalm 51,8; HFA)

Während meiner Zeit am Priesterseminar wurde ich zu Unrecht der Gehorsamsverweigerung beschuldigt. Darauf war mir klar, dass in Zukunft alle meine Handlungen überwacht würden und sogar meine Ordination auf dem Spiel stünde. Ich empfand Angst und Zorn, gepaart mit Selbstmitleid und Verwirrung. Ich fand erst wieder Frieden, als mir bewusst wurde, dass meine Ordination an sich gar nicht so wichtig war. Für Gott war es viel wichtiger, dass ich mir selbst treu blieb, anstatt ein Vorzeige-Priester zu werden.

Brennan Manning

7. JANUAR

Manche Völker verlassen sich auf ihre Heere und Waffen, wir aber vertrauen dem Herrn, unserem Gott.

(Psalm 20,8)

Wenn wir satt und in Topform sind, dann ist es für uns schwerer zu erkennen, wem wir letztendlich unser Leben anvertrauen: Uns selbst und unseren Fähigkeiten oder Gott? Wenn alles gut läuft, ist es einfach, so auszusehen, als wenn wir Gott vertrauen würden. Und es ist schwer auszumachen, ob und wie sehr wir in Wirklichkeit selbst die Kontrolle behalten wollen, um uns in Sicherheit zu wiegen.

Carol Kent/Karen Lee-Thorp

8. JANUAR

„Warum habt ihr Angst? Ist euer Glaube denn so klein?"

Matthäus 8,26

Eine große Tageszeitung stellte einen Artikel unter die Überschrift: „Wer die Angst wegnimmt, hat unsere Zeit geheilt!" Doch wer ist dazu in der Lage? Jesus möchte uns daran erinnern, dass er größer ist als alles, was uns Angst macht. Wir können Jesus vertrauen.

Brunhilde Blunck

9. JANUAR

Und das ist die wahre Liebe: Nicht wir haben Gott geliebt, sondern er hat uns zuerst geliebt und hat seinen Sohn gesandt, damit er uns von unserer Schuld befreit.

(1. Johannes 4,10)

Zutiefst zu glauben, wie auch Jesus es tat, dass Gott gegenwärtig ist und im Leben der Menschen wirkt, heißt zu begreifen, dass ich ein geliebtes Kind dieses Vaters bin und deshalb die Freiheit habe zu vertrauen. Das verändert meine Beziehung zu mir selbst und zu anderen; es bedeutet für meine ganze Art zu leben einen enormen Unterschied. Dem Vater zu vertrauen, und zwar sowohl im Gebet als auch im Leben, heißt in kindlicher Offenheit vor einem Geheimnis gnädiger Liebe und grenzenlosen Angenommenseins zu stehen. Glauben Sie wirklich, dass Gott Liebe ist?

Brennan Manning

10. JANUAR

„Wenn ihr ernsthaft, mit ganzem Herzen nach mir verlangt,
werde ich mich von euch finden lassen", spricht der Herr.
(Jeremia 29,13-14)

Ich wurde überzeugter denn je, dass Gott immer Wege findet, zu denen zu reden, die ihn ehrlich suchen, vor allem dann, wenn wir das Radiogedudel der Welt leiser drehen. Ich erinnerte mich an den Bericht eines viel beschäftigten Gottsuchers, der sich ein paar Tage in einem Kloster gönnte. „Ich wünsche Ihnen einen gesegneten Aufenthalt bei uns", sagte der Mönch, der ihn in seine Zelle führte. „Wenn Sie etwas brauchen, sagen Sie es uns, und wir zeigen Ihnen, wie Sie darauf verzichten können."

Philip Yancey

11. JANUAR

Die Frau … lief ins Dorf zurück und erzählte allen: „Kommt mit und lernt einen Mann kennen …"
(Johannes 4,28-29)

Gott sucht Menschen, die ihm in unseren Büros, in den Kantinen, an der Uni und bei McDonald's dienen! Eine Zeit lang hatten wir in unseren Gottesdiensten Männer sitzen, die bei DaimlerChrysler arbeiteten. Mehrmals in der Woche trafen sie sich zum Gebet in den Arbeitspausen. Und fünf von ihnen wurden in unserer Gemeinde getauft. Ähnliches ist von den Mitarbeitern und Kunden eines Fitness-Centers zu berichten: Der Chef und seine Frau wurden Christen, andere sind gefolgt. Angefangen hatte das mit einem Mann, der das tat, was ein Berufener tut: Er redet von dem, der ihm alles bedeutet.

Klaus-Günter Pache

12. JANUAR

Prüft alles, was gesagt wird, und behaltet das Gute.
(1. Thessalonicher 5,21)

Ist es nicht ganz schön gewagt, wenn Gott uns die Entscheidung überlässt? Immerhin können wir dabei doch gravierende Fehler machen! Die Bibel erzählt von Menschen, die von einem Fettnäpfchen ins andere gestolpert sind. Aber Gott bot ihnen in seiner unendlichen Geduld immer wieder an, zu ihm zurückzukommen, vergab ihnen ihre Fehler und ermöglichte einen Neuanfang. Auch für Sie will Gott das Beste. Er möchte, dass Sie in seiner Nähe bleiben und sich mit Ihren Fragen und Zweifeln an ihn wenden. Er will freie Menschen, die sich aus freien Stücken für das Gute entscheiden wollen und sich dabei von ihm helfen lassen.

Dorothee Dziewas

13. JANUAR

„Wenn ihr euch nach meinen Worten richtet, seid ihr wirklich meine Jünger. Ihr werdet die Wahrheit erkennen, und die Wahrheit wird euch frei machen."
(Johannes 8,31-32)

Warum gibt es heutzutage so viel Unfreiheit unter den Christen? Die traurige Tatsache ist, dass sich viele Nachfolger Christi vor der Verantwortung fürchten, die eine solche Freiheit mit sich bringt. Oft ist es einfacher, die Entscheidung anderen zu überlassen oder sich in den sicheren Grenzen der Gesetzlichkeit zu bewegen. Manche Menschen sind lieber Sklaven.

Brennan Manning

14. JANUAR

Eines Tages brachten einige Eltern ihre Kinder zu Jesus, damit er sie berühren und segnen sollte. Doch die Jünger wiesen sie ab.
(Markus 10,13)

Ich habe den Verdacht, dass der Herr seinen Kindern gnädiger ist, als manche glauben möchten oder können – oder als manch ein religiöser Leiter seinen Schäfchen weismachen will. Bemerkenswerterweise waren es seine eigenen Jünger, die glaubten, durchgreifen zu müssen, als eine Schar fröhlicher Kinder auf Jesus zurannte! „Lasst die Kinder zu mir kommen!", hatte Jesus dazu zu sagen.

Noor van Haaften

15. JANUAR

Die Klugen werden so hell strahlen wie die Sonne und diejenigen, die andere auf den Weg der Gerechtigkeit geführt haben, werden für alle Ewigkeit funkeln wie die Sterne.
(Daniel 12,3)

Sie sind ein Stern in Gottes Reich. Vielleicht haben Sie Übergewicht, entdecken Altersflecken oder ein neues Fältchen im Gesicht. Aber das spielt gar keine Rolle. Denn Ihre Schönheit kommt aus Ihrem Inneren. Unser Zeugnis kann bewirken, dass irgendjemand irgendwo den Weg nach Hause findet. Irgendjemand hört auf, an Gott zu zweifeln. Irgendjemand mit einer schweren Last wird sich vom Licht des Sterns trösten lassen. Auch wenn Sie sich hier unten wie bedeutungsloser Sternenstaub vorkommen: Sie sind ein Star!

Barbara Johnson

16. JANUAR

„Wer an mich glaubt, wird dieselben Dinge tun, die ich getan habe, ja noch größere, denn ich gehe, um beim Vater zu sein. Ihr dürft in meinem Namen um alles bitten …"

(Johannes 14,12-13)

Wenn Sie ein Jünger Jesu sind, dann glaubt Jesus offensichtlich, dass Sie tatsächlich so sein können wie er. Offensichtlich glaubt er, dass Ihre Gemeinde tatsächlich die Gemeinde sein kann, in der er gegenwärtig ist. Bitten Sie um diese Kühnheit! Weil Jesus an uns glaubt, wollen auch wir an uns glauben. Wir können darauf vertrauen, dass Jesus es wirklich so gemeint hat, als er uns seinen Geist versprach und die Vollmacht, Größeres zu tun, als er getan hat.

Rob Bell

17. JANUAR

Genauso herrscht Freude bei den Engeln Gottes, wenn auch nur ein einziger Sünder bereut und auf seinem Weg umkehrt.
(Lukas 15,10)

Manchmal male ich mir aus, wie das wird, wenn meine Freundin endlich zum Glauben kommt. Die eine oder die andere, für die ich bete, mit der ich rede und diskutiere, die ich schon so lange kenne … Wann werde ich eine Party mit ihr feiern, die die Engel im Himmel mitfeiern? Wir werden Prosecco trinken und uns zuprosten, endlich so richtig Schwestern! Zum Beispiel neulich im Glaubenskurs. Ein Mädchen sagte ganz ruhig: „Meine Mutter ist jetzt auch meine Schwester." Und wir brauchten einen Moment, bis wir verstanden, aber dann brach der Jubel aus.

Christina Brudereck

18. JANUAR

Er war noch weit entfernt, als sein Vater ihn kommen sah.
Voller Liebe und Mitleid lief er seinem Sohn entgegen, schloss
ihn in die Arme und küsste ihn.

(Lukas 15,20)

Mein Blick fällt auf ein rot lackiertes Holzschild, auf dem steht: „Schön, dass du da bist!" Eigentlich habe ich es für den Briefträger und alle anderen Menschen gemacht, die bei uns ein- und ausgehen. Ich dachte, eine kleine Ermunterung kann dem Postboten bei seinem Job sicher nicht schaden. Aber noch viel öfter ist es eine herzerwärmende Freundlichkeit, die Jesus mir jedes Mal, wenn ich unser Haus betrete, zuspricht. So auch jetzt. „Schön, dass du da bist. So wie du bist."

Tamara Hinz

19. JANUAR

Denn wir wissen: Wenn dieses irdische Zelt, in dem wir leben, einmal abgerissen wird – wenn wir sterben und diesen Körper verlassen –, werden wir ein ewiges Haus im Himmel haben.

(2. Korinther 5,1)

Haben Sie Angst vor dem Sterben? Dann denken Sie daran, dass für ein Gotteskind der Tod der Durchgang zu einer wunderbaren, neuen Welt ist – zum Hause mit den vielen Wohnungen, wo Jesus eine Stätte für Sie bereitet hat.

Corrie ten Boom

20. JANUAR

Vor allem aber behüte dein Herz,
denn dein Herz beeinflusst dein ganzes Leben.
(Sprüche 4,23)

Es ist auch für einen Christen nicht immer automatisch der wahre Glaube, der ihn leitet. So erlebte ich es als junge Frau, dass ich mich oft unzulänglich und schuldig fühlte. Es war aber nicht der Heilige Geist, der mir das sagte. Es war eine alte Prägung, die nichts mit Gott zu tun hatte. Ein wichtiger Schritt, um Gottes Stimme hören zu können, ist deswegen, in einem Prozess der inneren Heilung zu leben: Ich muss falsche Überzeugungen, sobald sie mir bewusst werden, mit Jesu Hilfe, mit dem Zuhausesein in der Bibel und manchmal auch mit seelsorgerlicher Hilfe aus meinem Herzen lösen.

Birgit Schilling

21. JANUAR

Werft dieses Vertrauen auf den Herrn nicht weg, was immer auch geschieht, sondern denkt an die große Belohnung, die damit verbunden ist! Was ihr jetzt braucht ist Geduld, damit ihr weiterhin nach Gottes Willen handelt. Dann werdet ihr alles empfangen, was er versprochen hat.

(Hebräer 10,35-36)

Kennen Sie Gedanken des Aufgebens? „Ich kann nicht mehr. Ich halte es nicht mehr aus. Warum ich?!" Diese Verse fordern uns heraus, sie mit der ewigen Perspektive zu lesen. Irgendwann werde ich wissen warum. Möge uns Gott heute ausstatten mit viel Hoffnung, Trost und Glaube.

Ines Emptmeyer

22. JANUAR

Dort wurden alle drei gekreuzigt – Jesus in der Mitte … Jesus sagte: „Vater, vergib diesen Menschen, denn sie wissen nicht, was sie tun."

(Lukas 23,33-34)

Jesus blieb am Kreuz ganz auf der Seite Gottes. Der Hass seiner Feinde musste sich bei ihm auslaufen wie eine Welle am Strand. Jesus betete auch für die, die ihn ans Kreuz schlugen. Selbst in der extremsten Belastung blieb Jesus so, wie er immer gewesen war: voller Liebe selbst für seine Feinde. Im Kampf gegen die Mächte der Finsternis siegte er, indem er nicht auf ihre Methoden einschwenkte. Gegen den Hass setzte er Liebe. Gegen Gewalt williges Leiden. Gegen die Lüge Wahrheit. Gegen Rebellion Vertrauen und Gehorsam gegenüber dem Vater.

Roland Werner

23. JANUAR

Wenn ihr also vor dem Altar im Tempel steht, um zu opfern, und es fällt euch mit einem Mal ein, dass jemand etwas gegen euch hat, dann lasst euer Opfer vor dem Altar liegen, geht zu dem Betreffenden und versöhnt euch mit ihm. Erst dann kommt zurück und bringt Gott euer Opfer dar.
(Matthäus 5,23-24)

Welch erschreckende Verlagerung religiöser Prioritäten! Die Anbetung Gottes und die kultische Handlung sind der Versöhnung mit dem Bruder untergeordnet. Aus der Sicht Gottes wird die Anbetung der Gemeinde – der musikalischen Qualität und der wortgewaltigen Predigt zum Trotz – daran gemessen, wie die Glaubensgeschwister miteinander umgehen und ob die Liebe sichtbar unter ihnen wohnt.

Brennan Manning

24. JANUAR

Ich aber will dem Herrn stets aufs Neue danken und ihn vor allen Menschen preisen.

(Psalm 109, 30)

Flannery O'Connor hat einmal einen Aufsatz über ihre Pfauen verfasst und darin die Reaktion der Menschen beschrieben, wenn die Tiere ein Rad schlugen und dabei „eine Galaxie glühender, leuchtender Sonnen" präsentierten. Ein Lastwagenfahrer trat auf die Bremse und schrie: „Donner und Doria!" Den meisten Leuten verschlug es schlicht die Sprache. Aber am schönsten fand sie die Reaktion einer alten schwarzen Frau, die einfach nur „Amen! Amen!" rief. Diese Frau hatte verstanden, was Lobpreis ist.

Philip Yancey

25. JANUAR

„Ich selbst werde mit dir gehen ... Ich will dir Ruhe verschaffen."
(2. Mose, 33,14)

Klingt das nicht gut? Gott, der Vater; Gott, der Schöpfer von Himmel und Erde; Gott geht mit Ihnen. Vielleicht ist er so etwas wie Ihr Bodyguard, Ihr Beschützer. Die großen Stars haben immer ihre Bodyguards dabei. Mit ihnen trauen sie sich überallhin. Ich habe immer Gott bei mir. Das ist beruhigend. Er gibt mir die Ruhe und Geborgenheit, die ich brauche, egal in welcher Situation. Shalom: Gottes Friede sei mit Ihnen! Er ist da, egal wo Sie gerade sind.

Maren Hoffmann-Rothe

26. JANUAR

Du hast alles in mir geschaffen und hast mich im Leib meiner Mutter geformt. Ich danke dir, dass du mich so herrlich und ausgezeichnet gemacht hast!

(Psalm 139,13-14)

Unsere Seele und unser Geist leben in unserem Körper. In diesem Leben können wir nicht ohne ihn existieren. Es war Gottes Wille, uns in einem Körper leben zu lassen, und darum sollen wir den Körper, der uns gegeben worden ist, lieben und pflegen und dankbar für ihn sein. Vielleicht gefällt uns unser Körper nicht, und vielleicht sähen wir gerne anders aus, aber trotzdem ist er ein Wunderwerk Gottes.

James Smith

27. JANUAR

Mir ist alles erlaubt. Aber nicht alles ist gut. Es ist mir zwar alles erlaubt, doch ich will mich von nichts beherrschen lassen.

(1. Korinther 6,12)

Ich hatte Gespräche mit Christen, die zum Ausdruck brachten, ein schlechtes Gewissen zu haben, wenn es ihnen richtig gut geht. Dabei entdecken wir schon auf den ersten Seiten der Bibel viel über das Wesen Gottes: Er ermuntert den Menschen, von allen Bäumen die Früchte zu genießen, bis auf einen. Es ist interessant, wie die Absicht Gottes vom Widersacher verdreht wurde: „Hat Gott wirklich gesagt, ihr dürft von keinem Baum essen?" Das „Du darfst genießen!" wird verdreht in ein „Als Christ darfst du nicht …" Wie war damals das Verhältnis? Ein Verbot gegen Tausende „Du darfst genießen!"

Hans Heidelberger

28. JANUAR

Jesus spricht: *„In der Welt habt ihr Angst, aber seid getrost, ich habe die Welt überwunden."*
(Johannes 16,33; LUT)

Es stimmt: In dieser Welt ist alles vergänglich, deshalb gehören Ängste zu diesem Leben dazu. Sie werden bleiben, bzw. sich immer wieder zu Wort melden. Aber wenn unser Leben Jesus Christus gehört, dann ist es durch ihn in Gottes Ewigkeit verankert. Wer an ihn glaubt, der hat das ewige Leben. So sind wir als Christen schon jetzt in Gottes Welt zu Hause.

Christel Hausding

29. JANUAR

Den Ort nannte er: „Der Herr versorgt."
(1. Mose 22,14; HFA)

Unser Gott – unser Versorger. Manchmal reduziere ich Gott im Hinblick auf sein Versorgen auf Geld oder Nahrung. Doch er will nicht nur materiell mein Versorger sein, sondern auch emotional: Er umgibt mich mit Menschen, schenkt Beziehungen, versteht meine Gefühle, geht darauf ein und will mein Herz füllen.

Ute Sinn

30. JANUAR

Solange Jesus hier auf der Erde lebte, hat er mit lautem Schreien und unter Tränen seine Gebete und Bitten an den einen gerichtet, der ihn aus dem Tod befreien konnte.

(Hebräer 5,7)

Wenn ich mir das Gebetsleben Jesu anschaue, dann merke ich, dass sein Beispiel mir eine wichtige Frage über das Beten beantwortet: Ist Beten wichtig? Wenn die Zweifel anklopfen, erinnere ich mich daran, dass sogar der Sohn Gottes, der durch sein Wort ganze Welten erschaffen hat und das Universum erhält, den unbändigen Drang verspürte, zu beten. Er betete so, als ob Beten wirklich etwas änderte, als ob die Zeit, die er auf den Knien verbrachte, genauso wichtig war wie die Zeit, in der er Kranke heilte und Tote auferweckte.

Philip Yancey

31. JANUAR

„Gewiss wird Gott mich töten, dennoch vertraue ich auf ihn …"
(Hiob 13,15; HFA)

Gott traut mir zu, mit mehr zurechtzukommen, als ich selbst mir zutraue. Ich soll in dem Wissen, dass er da ist, Trost finden. Er geht nicht weg und egal, wie bedrohlich die Situation werden kann, er lässt mich nicht los. Ich denke, so muss es auch Hiob empfunden haben, als er davon sprach, dass er Gott vertrauen wollte, auch wenn das Schlimmste passierte. Und so muss wohl auch Abraham gefühlt haben, als er mit seinem Sohn auf den Berg stieg. Ihre Glaubensaussagen waren nicht nur so dahingesprochen. Sie waren zutiefst erkämpft, durch Schmerz und Verlust. Eine Frau formulierte es so: „Mein Herz klebt an Gott."

Barbara Johnson

1. FEBRUAR

„Warum nennt ihr mich also ‚Herr', wenn ihr nicht tut, was ich sage? Wer aber hört und nicht danach handelt, gleicht einem Menschen, der ein Haus ohne Fundament baut. Wenn dann die Flut kommt, stürzt das Haus ein, und es bleibt nichts als ein Trümmerhaufen."

(Lukas 6,46.49)

Wir müssen jeden Tag aufs Neue die grundlegende Entscheidung treffen, ob wir der leisen Stimme Gottes folgen oder versuchen wollen, unser Leben selbst zu regieren. Gott wird uns nicht in die Hölle schicken, wenn wir ihm nicht gehorchen; das Blut von Jesus gilt für jeglichen Ungehorsam derer, die an ihn glauben. Die Frage, um die es geht, ist vielmehr: Wenn wir an ihn glauben, warum zögern wir dann bloß, ihm zu gehorchen?

Carol Kent/Karen Lee-Thorp

2. FEBRUAR

*„Was ich plane, steht fest. Alles, was mir gefällt,
führe ich auch aus."*

(Jesaja 46,10)

Wussten Sie, dass das Wort Zufall in der Bibel nicht vorkommt? Der Begriff ist dem Geist Gottes fremd. Warum? Weil er ein Gott der Absicht und Ordnung ist, ein Gott, der Pläne macht und ausführt. Nichts in unserem Leben ist unbedeutend oder irrelevant, sondern alles ist in Gottes ewigem Plan enthalten. Gott hat einen Plan und er führt ihn inmitten unseres Alltagstrotts aus. Er ist überall greifbar nah: in dem geschäftigen Treiben eines Nagelstudios; tief im Wald unter einem mitternächtlichen Himmel; und bei Ihnen, wo auch immer Sie gerade in diesem Augenblick sind.
Werden Sie heute nach ihm suchen?

Pam Vredevelt

3. FEBRUAR

Stolz wird in Schande enden, aus Demut aber folgt Weisheit.
(Sprüche 11,2)

Die Demut und den Mut zum Dienen zu haben, ist der Weg zu wirklicher Größe. Ein junger Pastor sagte nach seiner Ordination zu mir, er strebe einen internationalen Dienst an so wie den meinigen. In diesem Augenblick disqualifizierte er sich unwissentlich für eine leitende Funktion. Ein Star im Leib Christi zu sein, ist durchaus verlockend, doch diese Ambition ist dämonisch, Feind des Dienens und der Liebe. Die langsame Erosion der dienenden Leiterschaft in den Kirchen Nordamerikas, der Respekt, der den Superstars gezollt wird, entstellen das Bild des dienenden Jesus.

Brennan Manning

4. FEBRUAR

„So viel der Himmel höher ist als die Erde, so viel höher stehen meine Wege über euren Wegen und meine Gedanken über euren Gedanken."

(Jesaja 55,9)

Alexander Flemings berühmte Entdeckung des Penizillins 1928 wurde von einem Stückchen Schimmel aus einem benachbarten Labor ausgelöst, das ein offenes Kulturgefäß verunreinigt hatte, während Fleming im Urlaub war. Viele Jahre später besuchte Fleming ein modernes Forschungslabor und wies auf die staubfreie, belüftete Umgebung hin.
„Schade, dass Sie damals nicht so einen Arbeitsplatz hatten", sagte der Mitarbeiter, der die Führung machte. „Wer weiß, was Sie in so einer Umgebung alles entdeckt hätten!" Fleming antwortete: „Jedenfalls kein Penizillin."

Dorothee Dziewas

5. FEBRUAR

Überlass dem Herrn die Führung deines Lebens und vertraue auf ihn, er wird es richtig machen.

(Psalm 37,5)

Ich bin schon auf Berggipfeln von furchtbaren Gewittern überrascht worden. Ich ahnte etwas von dem, was ich wirklich bin: ein hilfloses zweibeiniges Lebewesen. Jeden Tag versuche ich neu, mein Leben in den Griff zu bekommen. Während ich oben auf dem Berg sitze, warten zu Hause die unerledigten Aufgaben: den Wasserhahn reparieren, nach meinem kranken Nachbarn schauen … Wenn ich einen Tag frei nehme, schaffe ich es vielleicht … Ein einziger Blitzschlag im Gebirge entlarvt meine Planerei als das, was sie ist: eine Illusion. Nein, ich habe mein Leben nicht im Griff.

Philip Yancey

6. FEBRUAR

Ich bete, dass er euch aus seinem großen Reichtum die Kraft gibt, durch seinen Geist innerlich stark zu werden.

(Epheser 3,16)

Als mein Sohn behindert zur Welt kam, konnte ich keinen Sinn darin sehen. Meine Schwiegermama zog mir am folgenden Silvester den Vers „Gott legt uns eine Last auf, aber er hilft uns auch". Und jetzt, 15 Jahre später, weiß ich, was für ein Geschenk uns Gott mit unserem besonderen Kind gemacht hat. Wir haben so viel Liebe durch ihn erfahren, uns wurden Horizonte eröffnet und unser Leben wurde durch neue Sichtweisen bereichert. Christen haben ein normales Leben und müssen genauso mit Krankheiten, Schicksalsschlägen und Trauer umgehen. Der Unterschied ist: Sie sind nie allein.

Birgit Bolay

7. FEBRUAR

„Ich will zu meinem Vater nach Hause gehen und sagen: Vater, ich habe gesündigt, gegen den Himmel und auch gegen dich …" So kehrte er zu seinem Vater nach Hause zurück.

(Lukas 15,19-20)

Wann immer wir vor Gott treten, begegnen wir auch uns selbst. Wir können uns Jesus nicht nähern, wenn wir uns selbst draußen lassen. Ich kann nicht die Annahme durch Jesus feiern, wenn ich mich selbst nicht annehme. Ich selbst darf also in der Begegnung, in der Stille vor Jesus nicht draußen bleiben.

Arne Völkel

8. FEBRUAR

Nur Narren sagen sich: „Es gibt keinen Gott."
(Psalm 14,1)

Eine afrikanische Geschichte hat mich beeindruckt: Ein alter Mann glaubte an Gott. Jemand wollte sich über ihn lustig machen und fragte: „Woher weißt du, dass es einen Gott gibt?" Der alte Mann antwortete: „Woher weiß ich, ob ein Mensch oder ein Hund oder ein Esel nachts um meine Hütte gegangen ist? An den Spuren im Lehm sehe ich es. Auch in meinem Leben sind Spuren eingedrückt. Spuren Gottes."

Christof Lenzen

9. FEBRUAR

*Dankt dem Herrn, denn er ist gut und seine
Gnade bleibt ewig bestehen.*

(Psalm 107,1)

Wenn dir jemand einen großen Dienst in einer schwierigen Lage geleistet hat, drängt es dich, ihm warm die Hand zu drücken und aus vollem Herzen zu sagen: „Ich danke dir, dass du das getan hast." Mache es mit Jesus genau so! Es erfreut ihn jedes Mal, wenn er sieht, dass du anerkennst, was er für dich getan hat. Nimm seine durchbohrte Hand und sage: „Ich danke dir, mein Erlöser, dass du für mich gestorben bist." Genauso musst du ihm für alle Wohltaten danken, die er Tag um Tag für dich bereitet hat. Dann machst du Jesus eine Freude und wirst selbst froh.

Ole Hallesby

10. FEBRUAR

Und weil ihr seine Kinder geworden seid, hat Gott euch den Geist seines Sohnes ins Herz gegeben, sodass ihr zu Gott nun „lieber Vater" sagen könnt.

(Galater 4,6)

Gebetsneulinge haben of Angst, dass sie es nicht richtig machen. Was, wenn sie das Falsche sagen? Jesu Gebetslehre lässt sich auf drei Grundsätze reduzieren: Sei ehrlich, sei schlicht, sei treu. Er hat immer wieder betont, dass wir im Gebet als Kinder zu einem Vater kommen, der uns zutiefst liebt. Fragen Sie junge Eltern, wie ihr Kleinkind sich ihnen korrekt nähert, und sie werden Sie anschauen, als ob Sie den Verstand verloren haben. „Korrekt?" Vater oder Mutter sein bedeutet doch, dass ich jederzeit für meine Kinder da bin.

Philip Yancey

11. FEBRUAR

Als ich mich weigerte, meine Schuld zu bekennen, war ich schwach und elend ...
(Psalm 32,3)

Fang dein Treffen mit Gott mit einem reinen Herzen an. Als ich ein kleines Mädchen war, konnte ich meine Eltern nicht anschauen, wenn ich etwas getan hatte, von dem ich wusste, dass es nicht in Ordnung war, und wenn ich ihnen noch nicht davon erzählt hatte, um sie um Vergebung zu bitten. Ich versteckte mich dann lieber vor ihnen, lenkte mich durch Spiele ab und versuchte, ihnen möglichst nicht in die Augen zu schauen. Das können wir auch auf Gott übertragen. Wenn wir wissen, dass wir ihn durch unsere Einstellung oder unsere Taten enttäuscht haben, vermeiden wir es, ihm zu nahe zu kommen.

Carol Kent/Karen Lee-Thorp

12. FEBRUAR

Seid nicht selbstsüchtig.

(Philipper 2,3)

Vor einigen Jahren teilte ich mir in Thailand ein Hotelzimmer mit Dr. Wilson. Er war ein von Jesus geprägter Mann. Das Hotel lag am Golf von Siam, und wenn das Zimmer zum Meer hin lag, genoss man einen wunderbaren Blick. Wenn das Zimmer auf der anderen Seite lag, sah man auf eine Müllkippe. Ich stand an diesem Morgen zuerst auf, und als ich die Vorhänge aufgezogen hatte, blickte ich auf die Müllkippe. Ich rief: „O nein, wir haben die scheußliche Aussicht bekommen!" Dr. Wilson reagierte ebenso schnell: „Das ist ja wunderbar! Dann werden einige Brüder und Schwestern aus der Dritten Welt heute Morgen einen wundervollen Ausblick genießen." Das saß.

Gordon MacDonald

13. FEBRUAR

„Und ich versichere euch: Ich bin immer bei euch bis ans Ende der Zeit."
(Matthäus 28,20)

Viele Christen sind sich zu wenig der Arbeit bewusst, die Jesus Christus jeden Augenblick für uns tut. Viele glauben wohl, dass er für unsere Sünden starb. Sie glauben an seinen Tod und seine Auferstehung, aber sie vergessen, dass er sich nach seiner Auferstehung zur Rechten Gottes gesetzt hat, um für uns zu leben ebenso wirklich, wie er für uns gestorben ist.

Corrie ten Boom

14. FEBRUAR

„Es war einmal ein reicher Mann, der jeden Tag im Luxus lebte. Vor seiner Tür lag ein kranker Bettler, der sich nach den Abfällen vom Tisch des Reichen sehnte."
(nach Lukas 16,19-21)

Ich bin kein Wirtschaftswissenschaftler; ich habe weder das Fachwissen noch den politischen Durchblick, um eine christliche Revolution anzuzetteln noch könnte ich irgendeinen Beitrag zur Umverteilung der Ressourcen leisten. Doch was dazu gesagt werden kann ist: „Die einzige Sünde des reichen Mannes scheint gewesen zu sein, dass er angesichts entsetzlicher Not ein luxuriöses Leben führte. Wenn die Worte nicht bedeuten, dass es unsere Pflicht ist, unseren Reichtum zu teilen, dann bedeuten sie gar nichts."

Brennan Manning

15. FEBRUAR

„Ich bin der Weinstock, ihr seid die Reben."
(Johannes 15,5)

Wir müssen Jesus beständig im Glauben als den Weinstock sehen, als den Einen, der nur Liebe zu den Menschen ist, und der seine Heilsgedanken ihnen gegenüber mit der Macht seiner unbegrenzten Möglichkeiten durchführt. Er ist nie in Verlegenheit, nie entmutigt, nie besiegt – und er ist unser Weinstock! Unsere Schwachheit und Leere ist kein Hindernis für ihn; vielmehr lässt sie ihm umso mehr Raum, sich als Weinstock zu erweisen.

Roy Hession

16. FEBRUAR

Der Buchstabe tötet, aber der Geist macht lebendig.

(2. Korinther 3,6; LUT)

So ist nun die Liebe des Gesetzes Erfüllung.

(Römer 13,10; LUT)

Wow! Welche Erleichterung durchflutet mich! Solch ein Satz steht in der Bibel? Kaum zu glauben! Jedenfalls für mich, die ich im Schoß einer Gemeinde aufgewachsen bin. Es war nicht falsch, am Konfirmationsunterricht teilzunehmen. Es war nur oft so einseitig: „Als Christ tut man dies und das nicht". Mich haben diese beiden Verse in eine Weite katapultiert, die ich mir nie hätte träumen lassen – und zu viel Leben in Liebe ermutigt. Sie haben mir geholfen, meinem Kindheitsglauben zu entwachsen und in eine neue Richtung zu gehen.

Christel Eggers

17. FEBRUAR

„Ich werde dich nie verlassen und dich nicht aufgeben."
(Josua 1,5)

Du horchst ständig auf jene, die dich abzulehnen scheinen. Dabei sprechen sie gar nicht über dich, sondern über ihre eigenen Grenzen. Sie bekennen ihre Armut in Bezug auf deine Erwartungen. Sie bitten einfach um dein Verständnis. Sie lehnen dich nicht ab. Sie sagen nur, dass du um etwas bittest, das sie nicht geben können, und dass sie etwas Abstand von dir brauchen, um emotional zu überleben. Das Schlimme dabei ist, dass du die Zurückhaltung, zu der sie sich gezwungen fühlen, als eine persönliche Zurückweisung ansiehst, statt als Aufforderung, heimzukehren und da dein wahres Geliebtsein zu entdecken.

Henri Nouwen

18. FEBRUAR

Selig sind, die da geistlich arm sind …
(Matthäus 5,3; LUT)

Macht, gutes Aussehen und der Einsatz der Ellenbogen können einem Menschen in unserer Gesellschaft Erfolg verschaffen; aber es sind auch gerade diese Eigenschaften, die uns den Weg zum Reich Gottes verbauen können. Abhängigkeit, Leid und Reue – das sind die Schritte zum Reich Gottes. Die Seligpreisungen zeigen deutlich „Gottes Parteinahme für die Armen" und die „Parteinahme der Armen für Gott". Weil sie in dieser Welt unterqualifiziert sind, können sie sich nur Gott zuwenden. Ein Bibelausleger übersetzte „Selig sind die Verzweifelten". Niemand gibt gern zu, dass er verzweifelt ist. Wenn er es aber tut, ist das Himmelreich nicht weit.

Philip Yancey

19. FEBRUAR

Einige Kinder wurden zu Jesus gebracht. (…) Doch die Jünger fuhren die Leute an, ihn nicht zu stören. Aber Jesus sagte: „Lasst die Kinder zu mir kommen. Haltet sie nicht zurück …"

(Matthäus 19,13-15)

Jesus nimmt sich Zeit, er berührt jedes einzelne Kind. Aus reiner Liebe heraus. Wie viele Kinder werden nie abends liebevoll ins Bett gebracht, weil keine Zeit da ist. Wie viele Kinder werden mit Vorträgen abgespeist, statt tröstend in den Arm genommen zu werden. Wie Papa oder Mama mit ihm umgehen, prägt sehr stark das Gottesbild eines Kindes. Meinen Eltern bin ich nicht wichtig – dann bin ich bestimmt auch Gott nicht wichtig! Und deshalb warnt Jesus: „Verbau deinem Kind nicht den Weg zu mir!"

Margit Pflüger

20. FEBRUAR

Doch wenn ich Angst habe, vertraue ich dir.
(Psalm 56,4)

Eine konstruktive Lösung, mit Angst umzugehen, wäre, über das zu trauern, was die Angst ausgelöst hat. Unser Herz ist dann zerbrochen (das heißt, wir geben zu, dass wir unsere Probleme nicht selbst lösen können). Und das führt dazu, dass wir uns Gott anvertrauen und uns ihm unterordnen („Herr, ich kann meine Angst nicht besiegen. Aber du kannst es!). Dann erst kommen wir da an, wo wir im Vertrauen auf Gott ruhige Entscheidungen treffen können.

Carol Kent/Karen Lee-Thorp

21. FEBRUAR

*„Der Menschensohn ist gekommen, um Verlorene
zu suchen und zu retten."*

(Lukas 19,10)

Jesus ist Erlöser, nicht Dozent. Der bloß intellektuellen Neugierde, dem theoretischen Spekulieren hat das Evangelium nichts zu sagen. Sein Auftrag ist, Menschen, die sonst verloren gehen würden, Hilfe und Leben zu geben. Nirgendwo in den Evangelien stellt Jesus sich hin und beginnt einen Vortag zu dem Thema „Was ist das Christentum?". Stattdessen antwortet er auf Fragen, die die Menschen ihm stellen, und befreit sie aus den Problemen, in denen sie gelandet sind.

Magnus Malm

22. FEBRUAR

Nach seinem Plan und Willen hat Gott uns schon im Voraus durch Christus als seine Erben eingesetzt.

(Epheser 1,11; eigene Übersetzung)

Ich bin kein Versehen. Gottes liebevoller Plan für jeden einzelnen Menschen ist kein Irrtum oder Zufall. Sein Plan kann mich durcheinanderbringen, sein Timing kann mir Kummer machen, aber immer bin ich in seiner allmächtigen Hand geborgen. Kann ich darin ruhen? Kann ich aufhören, mich dagegen zu wehren? Nicht immer, aber das ist meine menschliche Natur, die sein göttliches Wesen nicht immer anerkennen will. Will ich Gottes allmächtigen Willen in meinem Leben akzeptieren? Wenn ja, dann erlebe ich auch in meinem Leben etwas von Gottes großem Plan.

Marilyn Meberg

23. FEBRUAR

Halte dich nicht selbst für klug; gehorche Gott und meide das Böse! Das heilt und belebt deinen ganzen Körper, du fühlst dich wohl und gesund.

(Sprüche 3,7-8; HFA)

Manchmal glauben wir, dass ganzheitliche Medizin eine Errungenschaft der Neuzeit sei. Die Bibel betrachtet den Menschen immer als Ganzes, und dann wundert es auch nicht, dass eine Geisteshaltung ganz konkret in Zusammenhang gebracht wird mit der körperlichen Verfassung. Machen Sie doch heute mal einen Wellness- und Fitnesstag ganz besonderer Art (oder planen Sie ihn fest für die nächste Zeit ein). Nehmen Sie sich besonders viel Zeit für ein Gespräch mit Gott.

Ursula Hauer

24. FEBRUAR

Wollen habe ich wohl, aber das Gute vollbringen kann ich nicht. Denn das Gute, das ich will, das tue ich nicht; sondern das Böse, das ich nicht will, das tue ich.

(Römer 7,18-19; LUT)

Der Perfektionist misst seinen Wert für Gott daran, in welchem Maße es ihm gelingt, sich Tugenden anzueignen und Laster auszumerzen. Auf den Pfaden, die zur Erlösung führen, kommt seine Vision einem erzwungenen Siegeszug gleich. Das Ergebnis ist ein unrealistisch negatives Selbstbild. Friede oder Freude sind dem Perfektionisten fremd. Die Lücke, die zwischen dem idealen und dem realen Selbst klafft, verhindert eine innere Einstellung der Dankbarkeit und macht den Perfektionisten anfällig für Stimmungsschwankungen.

Brennan Manning

25. FEBRUAR

Still und ruhig ist mein Herz, so wie ein sattes Kind im Arm der Mutter.

(Psalm 131,2; GNB)

Gott wie eine Mutter, die uns stillt – ist das vielleicht eine hilfreiche Ergänzung zu unserem Gottesbild, das weithin geprägt ist von kräftigen Bildern: Herr, Gebieter, Führer, Richter, Vater, Schutz?

Astrid Eichler

26. FEBRUAR

So wird also jeder für sich selbst vor Gott Rechenschaft ablegen müssen.
(Römer 14,12; HFA)

Da Christus schon die Strafe für unsere Sünden am Kreuz getragen hat, ist beim Jüngsten Gericht für Gläubige nicht Strafe das Thema. Gott wird nach Dingen suchen, die er belohnen kann! Diese Belohnung wird für das Werk verliehen werden, das wir auf Erden getan haben. Deshalb ist die Art und Weise, wie wir leben und dienen, enorm wichtig.

Pam Vredevelt

27. FEBRUAR

Als Jesus das hörte, war er tief beeindruckt. Er wandte sich an die Menge und sagte: „… einen solchen Glauben habe ich bisher in ganz Israel noch nicht erlebt!"
(Matthäus 8,10)

Hast du je darüber nachgedacht, dass Jesus stolz auf dich ist? Darauf, dass du nie aufgegeben hast? Stolz darauf, dass dein Glaube stark genug ist, um es immer wieder neu zu versuchen? Stolz darauf, dass du ihm vertraust? Hast du je daran gedacht, dass Jesus an dir schätzt, dass du dich für ihn entschieden hast? Dass Jesus dankbar ist, wenn du einem seiner Kinder ein Lächeln schenkst? Oder an seine Dankbarkeit, dass du dich bemühst, ihn besser kennenzulernen und somit anderen mit tieferer Einsicht von ihm zu erzählen?

Brennan Manning

28. FEBRUAR

Vom Sonnenaufgang bis zum Sonnenuntergang gibst du den Menschen Grund zur Freude.

(Psalm 65,9)

Wir alle sind imstande, Gott in außergewöhnlichen Dingen zu erkennen; um ihn jedoch auch in kleinen Einzelheiten erkennen zu können, bedürfen wir einer sorgfältigen geistlichen Schulung. Lass den Gedanken, dass die sogenannten Zufälligkeiten nicht von Gott angeordnet seien, nie in dir aufkommen und sei willens, die göttliche Absicht in allem herauszufinden.

Oswald Chambers

29. FEBRUAR

„Meine Kraft zeigt sich in deiner Schwäche."
(2. Korinther 12,9)

Ich denke, dass es Zeiten im Leben Jesu gegeben hat, in denen er segelte und hoch aufstieg. Zu anderen Zeiten war das Leben für ihn härter. Wenn er über Jerusalem weinte, wenn ihn die Begriffsstutzigkeit der Jünger frustrierte oder er Gegenwind von den religiösen Führern bekam, musste er flattern. Doch wich er nicht vom Kurs ab. Auch als die Zeit für die Via Dolorosa nach Golgatha kam, segelte er nicht. Er stolperte und stürzte, er rappelte sich auf und ging weiter. Manchmal können wir nur taumelnd weitergehen. Doch in solchen Zeiten ist das genug. Vielleicht weiß Gott unser Taumeln mehr zu schätzen als unser Segeln und Laufen.

John Ortberg

1. MÄRZ

Einer der Vorsteher bat ihn seine Tochter zu heilen. Jesus ging mit ihm, gefolgt von einer Menschenmenge. In der Menge war auch eine Frau, die seit zwölf Jahren an Blutungen litt. Sie berührte den Saum seines Gewandes. Er wandte sich um und fragte: „Wer hat mich berührt?"

(nach Markus 5,22-25.27.30)

In einer Kultur, die Effektivität groß schreibt, ist Zeit etwas, das man wie Geld nutzen oder sparen kann. Es ist gar nicht so einfach, unser Augenmerk von der Produktivität zu den „Früchten" hinzulenken, zu dem, was wirklich herauskommt. Doch für Jesus waren Menschen wichtiger. Wenn also jemand in Not die Pläne Jesu durchkreuzte, hat er dies nicht als Unterbrechung gewertet. Sondern als Termin von Gott.

Carol Kent/Karen Lee-Thorp

2. MÄRZ

„Wenn du fastest, dann pflege dein Äußeres so, dass keiner etwas von deinem Verzicht merkt – außer deinem Vater im Himmel. Dein Vater, der auch das Verborgene sieht, wird dich belohnen."

(Matthäus 6,17-18; HFA)

Oft mache ich mich abhängig von der Anerkennung meiner Mitmenschen. Wenn ich im Kleinen einübe, darauf zu verzichten, macht mich das stark und freier, gegen den Strom zu schwimmen, wenn es drauf ankommt. So möchte ich in diesen Tag heute gehen, mit einem Geheimnis zwischen mir und Gott. Ich werde heute etwas Gutes tun und auf etwas anderes bewusst verzichten, und was das ist, das geht nur Gott und mich etwas an.

Elisabeth Vollmer

3. MÄRZ

Freundliche Worte sind wie Honig – süß für die Seele und gesund für den Körper.

(Sprüche 16,24)

Uns allen tut es gut, wenn wir freundlich angesprochen werden, wenn uns Menschen etwas Nettes sagen und es dabei ehrlich meinen. Mit „meckern", „nörgeln" oder sogar „angeschnauzt werden" können wir schlecht umgehen. Denken Sie daran, wie gesund freundliche Worte für den ganzen Körper sind! Und das völlig kostenlos! Wenn Sie wollen, können Sie dieses heilsame „Medikament" immer parat haben, für sich selber und für Ihre Mitmenschen. Völlig rezeptfrei!

Marion Assmann

4. MÄRZ

Die Pharisäer … nahmen Anstoß daran, dass er sich mit so verrufenen Leuten abgab und sogar mit ihnen aß!
(Lukas 15,2)

Ich war einmal bei einem Pastor zu Gast, der jeden Sonntag eine Familie zu sich zum Essen einlädt. Häufig sind es Menschen, die nicht oder nicht mehr zur Kirche gehen. Die eingeladene Familie erzählte von Verletzungen durch einen Pastor, was sie bewogen hatte, der Kirche den Rücken zu kehren. Die Gäste erlebten, dass man ihnen zuhörte, dass sie nicht für schuldig erklärt, sondern barmherzig freigesprochen wurden. In der folgenden Woche kamen sie zum Gottesdienst – geheilt durch ein Essen! Die Tischgemeinschaft mit dem Pastor hatte sie zurück in die Gemeinschaft mit Gott geführt.

Brennan Manning

5. MÄRZ

Ein Streit trennt zwei Freunde wie ein Tor mit eisernen Riegeln.
(Sprüche 18,19)

Die psychologische Forschung hat immer wieder dokumentiert, dass es nicht Streit und Meinungsverschiedenheiten sind, die am Ende Ehen und Freundschaften auseinanderbrechen lassen – es ist das Ausweichen. Gute Beziehungen wachsen nicht in der Abwesenheit von Konflikten. Sie wachsen in der Gegenwart eines versöhnlichen Geistes. Und ein versöhnlicher Geist tut den ersten Schritt. Er nimmt Kontakt auf. Er versucht, wiedergutzumachen. Er öffnet sich für Veränderung. Er geht immer wieder Risiken ein, auch wenn es schwierig ist.

Pam Vredevelt

6. MÄRZ

Richtet eure kraftlos und müde gewordenen Hände wieder auf zum Gebet, damit ihr stark werdet. Eure zitternden Knie sollen wieder fest werden, damit ihr sichere Schritte im Glauben tun könnt.

(Hebräer 12,12; eigene Übersetzung)

Fit bleibt man durch Üben. Wenn Muskeln nicht aktiviert werden, bilden sie sich zurück. Training, Übung, der Gebrauch von Armen und Beinen erhält nicht nur die Muskeln, sondern baut sie auf. Wenn schon körperliche Bewegung so viel Gutes bewirkt, wie viel mehr die geistliche für unseren inneren Menschen! Gutes tun, Liebe praktisch werden lassen, Gott auf verschiedene Weise anbeten, für andere in der Fürbitte eintreten – das trainiert uns geistlich.

Hannelore Illgen

7. MÄRZ

„Die Gesunden brauchen keinen Arzt – wohl aber die Kranken."
(Matthäus 9,12)

Nachdem wir in Las Vegas viel verändert hatten, kam eines Tages eine Cocktailkellnerin aus einem der Spielpaläste zum Gottesdienst. Wäre sie einige Jahre früher gekommen, sie wäre nicht geblieben. Damals waren wir eine Gemeinde für die, die schon glaubten. Aber jetzt fand sie eine Gemeinde, die sie liebte. Es dauerte nicht lange, und sie bekehrte sich. Nach dem Gottesdienst holte sie 30 andere Cocktailkellnerinnen nach vorne, die sie eingeladen hatte. Sie machten ein Gruppenfoto. Ich dachte: „Gott, danke für das Vorrecht, Teil einer Gemeinde zu sein, die den Mut hatte, sich geduldig zu verändern."

Gene Appel

8. MÄRZ

Aber sein Vater sagte zu den Dienern: ‚Schnell! Bringt die besten Kleider im Haus und zieht sie ihm an. Holt einen Ring für seinen Finger und Sandalen für seine Füße."
(Lukas 15,22)

Wie bei einem Streit unter Eheleuten wird durch Versöhnung nicht nur die Schuld der Vergangenheit vergeben, sondern auch die Beziehung durch eine neue Dimension des Vertrauens bereichert. Es liegt eine größere Dynamik im Teilen unserer Schwächen als darin, dass wir nur die starken Seiten des Partners kennen. Die Vergebung Gottes ist kostenlos und bedingungslos und bietet Befreiung von der Herrschaft der Schuld. Der reuevolle verlorene Sohn erfuhr in seiner Zerbrochenheit eine enge, von Freude geprägte Beziehung zu seinem Vater, die sein sündloser, selbstgerechter Bruder niemals kennenlernen würde.

Brennan Manning

9. MÄRZ

Ein frohes Herz macht ein glückliches Gesicht.
(Sprüche 15,13)

Oft schiebe ich es auf, jemandem eine Freude zu machen, obwohl es eigentlich gar nicht viel Zeit und Mühe kosten würde. Manchmal genügt ein Schokoriegel, ein Telefonanruf, eine witzige Karte, ein Lied oder Gedicht oder ein Schinkenhörnchen. Finden Sie nicht auch, wir sollten von heute an immer ein paar Schokoriegel in der Tasche haben, damit wir sie plötzlich einer erschöpften Verkäuferin anbieten können? Ich wette mit Ihnen, dass dieses unerwartete kleine Geschenk auf die meisten Gesichter ein Lächeln zaubern wird oder die Leute zum Schmunzeln bringt.

Patsy Clairmont

10. MÄRZ

„Meine Gedanken sind nicht eure Gedanken …"
(Jesaja 55,8)

Ich brauche die Korrekturbrille des Gebets, weil ich immer wieder die Perspektive Gottes verliere. Ich schalte den Fernseher ein und werde von einer Flut von Werbespots überschwemmt, die mir versichern, dass der Erfolg hat, der viel Geld hat und gut aussieht. Auf der Fahrt in die Stadt sehe ich einen Bettler, der um milde Gaben bittet, und schaue hastig zur Seite. Die Welt verdunkelt meinen Blick für die Perspektive Gottes. Allein das Gebet gibt mir einen Blick, der demjenigen Gottes ähnelt. Die Augen gehen mir auf, und ich sehe, dass Reichtum kein erstrebenswertes Ziel ist, dass der Wert eines Menschen nicht auf seiner Kleidung beruht.

Philip Yancey

11. MÄRZ

Gott segnete sie [den Mann und die Frau] und sprach zu ihnen: Seid fruchtbar und mehret euch und füllet die Erde und machet sie euch untertan und herrschet …
(1. Mose 1,28; LUT)

Der Auftrag, in dieser Welt zu handeln, sie zu gestalten und sogar über sie zu herrschen, richtet sich genauso an die Frauen wie an die Männer. Den Frauen wird nicht gesagt, sie sollen eine passive Zuschauerrolle einnehmen und ihre Männer anfeuern, während die den Laden schmeißen. Im Gegenteil: Von Anfang an richtet sich Gottes Auftrag, über die Erde zu herrschen, sie sich untertan zu machen und sie zu verwalten, auch an die Frauen. Sie sind Mitregenten.

Gary L. Thomas

12. MÄRZ

„Der Sohn kann nichts aus sich heraus tun."
(Johannes 5,19)

Jesus lebte so völlig auf Gott ausgerichtet, dass er ohne Beschönigung sagen konnte, dass er nichts aus sich selbst heraus tat. Seine Worte waren Worte des Vaters, seine Taten waren die Taten des Vaters. Und erstaunlicherweise ruft er uns mit unseren kleinen Möglichkeiten dazu auf, in diese zielbewusste Einheit einzutreten. Er lädt uns zu einem Leben mit Klarblick ein. Wenn wir auf Christus sehen, wird unsere ganze Persönlichkeit von Licht durchflutet und geeint. Mit dem Blick auf Christus als den Mittelpunkt sollen wir mit frohem und großzügigem Herzen leben.

Richard Foster

13. MÄRZ

*„Ich habe ihnen vieles gesagt, während ich in der Welt war,
damit sie von meiner Freude vollkommen erfüllt sind.
Ich habe ihnen dein Wort gegeben. Wie du mich in die Welt
gesandt hast, so sende ich sie in die Welt."*
(Johannes 17,13-14.18)

Die Idee, „Visionen zu vermitteln", klingt vielleicht etwas ungewöhnlich, aber es ist genau das, was Jesus bei seinen Jüngern tat und was wir für die Frauen tun können, zu denen Gott uns als Mentorin führen wird. Es geht darum, das Potenzial, das wir bei jüngeren Christinnen erkennen, anzusprechen und eine Begeisterung für die Absicht Gottes mit ihrem Leben zu entfachen.

Carol Kent/Karen Lee-Thorp

14. MÄRZ

Da er selbst gelitten und Versuchungen erfahren hat,
kann er denen helfen, die in Versuchungen geraten.
(Hebräer 2,18)

Ich sehe nicht ein, was unter diesen Worten besser verstanden werden könnte, als dass Jesus deshalb leiden und versucht werden und an allen menschlichen Armseligkeiten, die Sünde ausgenommen, Anteil haben wollte, um durch eigene Erfahrung erbarmendes Mitleiden für die zu lernen, die in gleicher Weise leiden und versucht werden. Ich sage aber nicht, dass Jesus durch diese Erfahrung weiser werden sollte, sondern nur dadurch uns näher trat, auf dass die schwachen Adamskinder kein Bedenken trügen, ihm ihre Schwächen mitzuteilen.

Bernhard von Clairvaux

15. MÄRZ

Durch Gottes Gnade bin ich, was ich bin.
(1. Korinther 15,10; LUT)

Durch Gottes Gnade bin ich, was ich bin. Ich bin nicht abhängig davon, was andere über mich sagen, nicht abhängig von dem, was ich besitze oder was ich leiste. Die drei Werte, nach denen alle Menschen dieser Welt in der einen oder anderen Form streben … Mein Wert ist festgemacht an einer unverrückbaren, unvergänglichen Größe: der Güte und Liebe Gottes. Ich bin und bleibe geliebte Tochter. Seine Prinzessin. Was auch immer kommen mag.

Christel Eggers

16. MÄRZ

Was ihr für einen der Geringsten meiner Brüder und Schwestern getan habt, das habt ihr für mich getan.

(Matthäus 25,40)

Wer Jesus Christus ist, erfährt man nicht, wenn man darüber nachgrübelt, ob es so etwas wie Gottessohnschaft oder Jungfrauengeburt oder Wunder gibt. Wer Jesus Christus ist, erfährt man von den gefangenen, hungernden, geängsteten Brüdern. Denn in ihnen will er uns begegnen. Er ist ja immer in der Tiefe. Und an diese Brüder komme ich nur heran, wenn ich die Augen aufmache, um das Elend um mich herum zu sehen. Und die Augen kann ich nur aufmachen, wenn ich liebe.

Helmut Thielicke

17. MÄRZ

Als Jesus die weinende Maria und die Leute sah, die mit ihr trauerten, erfüllten ihn Zorn und Schmerz.
(Johannes 11,33)

Jesus zeigt eine andere Art, die Menschen zu führen. Er lässt sich innerlich berühren, in Tränen, in Zorn, in jubelnder Freude. Er lässt sich körperlich anfassen, von Männern, Frauen, Kindern, und er erwidert die Berührung, ohne jede Angst. So sicher und geborgen ist er in seiner Beziehung zum Vater, dass er keine wohldurchdachten Schutzzäune braucht.

Magnus Malm

18. MÄRZ

„Kehrt um und wendet euch Gott zu,
denn das Himmelreich ist nahe."
(Matthäus 3,2)

Wer von uns schaut nicht mehrmals am Tag auf die Uhr? Und wenn wir keine tragen, fragen wir jemanden nach der Zeit. Im Gebet flüstert Jesus in unser auf irdische Dinge ausgerichtetes Gewissen: Jetzt ist die Zeit! Die „reale" Welt der Preisschilder, Designer-Jeans, Gucci-Handtaschen, des Monopoly-Geldes, der nuklearen Abschreckung, der Pelzmäntel, Perserteppiche, Seidenunterwäsche und Fußball-Länderspiele ist dem Tod unterworfen. Jetzt ist die Zeit des Innehaltens und Stillwerdens. Jetzt ist die Zeit, nach meinem Wort zu handeln und die Botschaft der Erlösung zu euren Mitmenschen zu tragen.

Brennan Manning

19. MÄRZ

Meine Taube verbirgt sich hinter den Felsen, verharrt in einem Versteck in der Felswand. Lass mich dich sehen, lass mich deine Stimme hören!

(Hoheslied 2,14)

Meine Seele trippelt wie eine verängstigte Taube hin und her, kommt zögernd näher, flattert wieder zurück. Gott gibt nicht auf. Beharrlich werbend, jedoch ohne Zwang, geduldig, liebevoll, sanft. Nein, Gott ist nicht der Treiber in meinem Leben, im Gegenteil: er möchte mich einfach nur lieben! Täglich wirbt er um mich, möchte mich an seinen geheimen Ort bringen, wo wir beide im Gras liegen, die Wolken beobachten und uns gegenseitig genug sind!

Jutta Wilbertz

20. MÄRZ

Warum regst du dich über einen Splitter im Auge deines Nächsten auf, wenn du selbst einen Balken im Auge hast?
(Matthäus 7,3)

Wenn ich mir meiner eigenen Unvollkommenheiten bewusst bin, dann kann ich auch mit den Fehlern und Schwächen meiner Mitmenschen barmherzig sein.

Elisabeth Vollmer

21. MÄRZ

„Herr, welche Vielfalt hast du geschaffen!"
(Psalm 104,24)

Es ist herrlich, sich mit dem Schöpfer zu beschäftigen. Aber wir erfreuen und ehren unseren Schöpfer auch, indem wir seine Schöpfung dankbar genießen. Sei es ein schöner Sonnenuntergang, ein duftender Blumenstrauß, ein spannendes Buch, eine interessante Begegnung, ein liebevoller Blick oder ein gutes Essen. Musik, Tanz, Bewegung, Feste, Feiern, Farben, Düfte waren immer schon (auch in der Bibel!) Ausdruck von Lebenslust. Gott hat eine Welt geschaffen, in der wir so viele Gelegenheiten entdecken dürfen, uns zu freuen und das Leben, das Gott uns schenkt, zu genießen.

Hans Heidelberger

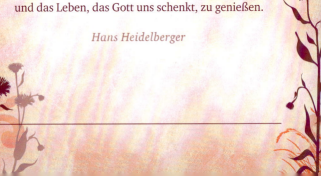

22. MÄRZ

Denn du bist die Quelle des Lebens und das Licht,
durch das wir leben.

(Psalm 36,10)

Viele der gravierenden Probleme und Fragen im Leben können nicht schnell gelöst oder leicht beantwortet werden. Ständige körperliche und seelische Schmerzen auszuhalten erfordert enormes Durchhaltevermögen. Aber was mich betrifft, so braucht es mehr als Durchhaltevermögen. Eine übernatürliche Quelle der Kraft ist nötig. Ich brauche eine tägliche Verbindung mit der Quelle des Lebens, um in der Lage zu sein, mich dem Leben zu stellen. Ich muss mein Vertrauen in denjenigen setzen, der mein Gebet hört und mich in meinem Schweigen umarmt.

Pam Vredevelt

23. MÄRZ

Als sie ausstiegen und an Land gingen, sahen sie ein Kohlenfeuer brennen, auf dem Fisch gebraten wurde; dazu gab es Brot.
(Johannes 21,9)

Die Angst vor der Körperlichkeit hat im Evangelium nichts zu suchen. Gerade in seiner sinnlich erfahrbaren Leiblichkeit demonstriert der Auferstandene, dass er wirklich lebt. Er isst mit seinen Freunden, reicht ihnen die Hände und Füße, lässt sich anfassen. Die Szene duftet nach gebratenem Fisch, frischem Brot, Knoblauch und Olivenöl. Starke Gefühle, ein schroffer Übergang von der Verlassenheit zur Berührung. So entdeckten die Jünger, dass es wirklich Jesus war.

Magnus Malm

24. MÄRZ

Sagt Gott, was ihr braucht, und dankt ihm.

(Philipper 4,6)

Kürzlich gab mir jemand ein Blatt mit einem Ausspruch von Corrie ten Boom in die Hand: „Manche Menschen vertrauen dem Herrn, dass er ihre Seele rettet, nicht aber, dass er für ihr alltägliches Leben sorgt." Genau das ist der Punkt! Jesus Christus ist unser Herr in alle Ewigkeit, aber ist er auch der, mit dem ich über das rede, was in den nächsten Minuten ansteht?

Peter Strauch

25. MÄRZ

Wer unter dem Schirm des Höchsten sitzt und unter dem Schatten des Allmächtigen bleibt, der spricht zu dem Herrn: Meine Zuversicht und meine Burg, mein Gott, auf den ich hoffe.
(Psalm 91,1-2; LUT)

Wir stehen unter dem Schutz des Siegers über alle Finsternismächte. Da vergeht uns die Angst. Da erleben wir es, mit Jesus verborgen zu sein in Gott. In Amerika habe ich einmal einen Wirbelsturm miterlebt. Auf einmal war es still, absolut still. Ich fragte: „Was geschieht jetzt?" – „Jetzt bist du im Zentrum des Sturms. Da ist vollkommene Stille." So ist es, wenn wir uns Jesus völlig ausliefern. In ihm werden wir uns nicht mehr fürchten, auch wenn die Welt aus den Fugen geriete und die Berge ins Meer fielen.

Corrie ten Boom

26. MÄRZ

Deine rechte Hand, o Herr, ist voll herrlicher Kraft.
Deine rechte Hand, o Herr, besiegt den Feind.
(2. Mose 15,6)

Ich bitte nicht um Wunder, sondern um Kraft für den Alltag. Mach mich weise in der Zeiteinteilung. Schenke mir Fingerspitzengefühl, um herauszufinden, was erstrangig und was zweitrangig ist. Hilf mir, die jetzige Stunde als die wichtigste zu erkennen. Schenke mir die nüchterne Erkenntnis, dass Schwierigkeiten und Niederlagen eine selbstverständliche Zugabe zum Leben sind, durch die wir wachsen und reifen. Gib mir Geduld, dass ich warten kann. Bewahre mich vor der Angst, ich könnte das Leben versäumen. Gib mir nicht, was ich mir wünsche, sondern was ich brauche. Lehre mich die Kunst der kleinen Schritte.

Antoine de Saint-Exupéry

27. MÄRZ

*So wird auch Freude im Himmel sein über einen Sünder,
der Buße tut, mehr als über neunundneunzig Gerechte,
die der Buße nicht bedürfen.*

(Lukas 15,7; LUT)

Nicht nur die Geschichte vom weggelaufenen Schaf
ist erstaunlich, sondern auch die Erklärung, dass
sich im Himmel alle mitfreuen, über einen, der
sich finden lässt von Gott. Freuen wir uns mit,
wenn ein Weggelaufener wiedergefunden wird?
Ist es uns wichtig, mitzuhelfen beim Suchen?

Gudrun Neumaier

28. MÄRZ

*Und wenn ihr betet, sollt ihr nicht viel plappern,
wie die Heiden; denn sie meinen, sie werden erhört,
wenn sie viele Worte machen.*

(Matthäus 6,7; LUT)

Manchmal klingen meine Gebete, als wolle ich versuchen, Gott zu etwas zu überreden. In langen Erklärungen breite ich vor ihm aus, warum es sinnvoll wäre, diese Person zu bekehren und jene Freundin gesund zu machen. Ich mache Versprechungen – das klingt schon fast nach Bestechung. Gott überreden?! Es war mir so, als sagte Gott zu mir: „Du musst nicht gegen mich anbeten! Denkst du wirklich, ich sehe die Not nicht und gebe nicht gerne?" Seitdem mache ich nicht mehr viele Worte und rede nicht gegen ihn an, sondern ich rede mit ihm.

Anna-Maria Heinemann

29. MÄRZ

Suchet der Stadt Bestes!
(Jeremia 29,7; LUT)

Das Reich Gottes wächst nicht allein durch unsere Gottesdienste. Suchet der Stadt Bestes! Hören wir heute auf, negativ über unsere Städte zu reden! Beten wir für sie und unsere Mitbürger! Interessieren wir uns für ihre Nöte! Schauen wir hin!

Gerti Strauch

30. MÄRZ

„Seht euch die Blumen auf den Wiesen an! Sie arbeiten nicht und kümmern sich auch nicht um ihre Kleidung. Doch selbst König Salomo in seiner ganzen Herrlichkeit war lange nicht so prächtig gekleidet wie irgendeine dieser Blumen."

(Matthäus 6,28-29; eigene Übersetzung)

Als Kind stellte sich John Henry Newman vor, dass hinter jeder Blume ein Engel saß, der dafür sorgte, dass sie wuchs und blühte. Später, als er einer der herausragenden Theologen Englands geworden war, schrieb er: „Die Wirklichkeit ist noch bedeutungsvoller. Gott selbst ist in der Schönheit von Dingen zu entdecken, die wir mit den Sinnen wahrnehmen." Selbst Jesus betrachtete staunend die Schönheit um sich her.

Brennan Manning

31. MÄRZ

„Heute noch wirst du mit mir im Paradies sein."
(Lukas 23,43)

Noch kurz vor seinem Tod vergab Jesus dem Räuber, der mit ihm am Kreuz hing, obwohl er sehr wohl wusste, dass dieser sich höchstwahrscheinlich nur aus reiner Angst bekehrte. Dieser Verbrecher würde nie mehr die Schrift lesen, nie mehr in die Synagoge gehen oder seine Schandtaten wiedergutmachen können. Dass soll uns immer wieder daran erinnern, dass Gottes Gnade nicht davon abhängt, was wir für Gott getan haben, sondern was Gott für uns getan hat.

Philip Yancey

1. APRIL

Wenn die Wolken voll sind, dann regnet es. Gleichgültig, ob ein Baum nach Süden oder nach Norden fällt: Wo er hinfällt, dort bleibt er liegen.

(Prediger 11,3; GNB)

Was habe ich mit Freunden schon über diese Bibelstelle gelacht. Und es gibt noch lustigere. Gott hat Humor. Es lohnt sich, in die Bibel zu schauen. Ich bin immer tief bewegt und begeistert von diesem Buch. Es lohnt sich wirklich, sich von der Bibel eine Übersetzung zu besorgen, die einem gefällt und die für einen leicht verständlich ist. Dieses Buch will gelesen werden. Gott will, dass wir ihn besser kennenlernen.

Maren Hoffmann-Rothe

2. APRIL

Das Volk schaute zu, während die führenden Männer lachten und spotteten.

(Lukas 23,35)

Am Kreuz zu sterben, war kein edler Heldentod, wo der Verurteilte mit stolzem Blick und einem „Es lebe die Freiheit!" auf den Lippen sein Haupt für ein schnelles Ende auf den Block legte. Nein, ein Kreuzestod war langsam, war qualvoll – eine Volksbelustigung. Hier hingen die Verlierer, nicht die Helden, und sie waren nackt – haha, kommt alle gucken! Das haben sie jetzt davon, diese Loser! Und dann sagt Jesus mitten ins Spotten hinein: „Vater vergib ihnen, denn sie wissen nicht, was sie tun!"

Jutta Wilbertz

3. APRIL

*Vergesst nicht, Fremden Gastfreundschaft zu erweisen,
denn auf diese Weise haben einige Engel beherbergt,
ohne es zu merken!*

(Hebräer 13,2)

Gastfreundschaft – Freundschaft mit meinen Gästen, das möchte ich haben. Beziehungen aufbauen, in denen dann auch Privates zur Sprache kommt und Gespräche über Gott möglich werden. Selbstverständlich gibt es schwierige, anstrengende und nervende Menschen, die ich nicht unbedingt jeden Tag sehen möchte. Ich glaube, dass genau diese Leute die Engel sind. Die, die uns nicht leicht fallen, an denen wir Geduld und Nächstenliebe üben können.

Anette Judersleben

4. APRIL

Die deinen Namen kennen, vertrauen auf dich, denn du, Herr, verlässt keinen, der dich sucht.

(Psalm 9,11)

Eine Partnerschaft wird dadurch geformt und geprägt, dass sie bis zum Zerreißen gespannt wird und dann doch nicht zerreißt. Abraham, Hiob, David – all diese Helden gerieten in eine Krise, als sie in der Versuchung standen, Gott als lieblos, machtlos oder sogar bösartig abzuschreiben. Sie tappten verwirrt im Dunkel, bis sie an eine Weggabelung stießen, an der sie sich entscheiden mussten, ob sie sich verbittert von ihm abwenden oder voller Vertrauen weitergehen wollten. Am Ende entschlossen sich alle für den Weg des Vertrauens, und deshalb sind sie uns als Glaubenshelden im Gedächtnis geblieben.

Philip Yancey

5. APRIL

Jesus sprach: „Wer hat meine Kleider angerührt?"
Und er sah sich um.

(Markus 5,30.32; eigene Übersetzung)

Warum hat Jesus diese arme Frau „geoutet", warum war er in dieser intimen Angelegenheit nicht diskreter? Ihr Blutfluss war nicht nur ein gesundheitliches Problem, durch ihre „Unreinheit" war sie geächtet, ausgeschlossen, galt als „von Gott gestraft". Die Scham war ihr täglicher Begleiter. Gerade weil Jesus sie so sehr liebte, ließ er nicht zu, dass sie heimlich wieder verschwand! Jesus möchte ihr persönlich begegnen und nicht nur eine anonyme Kraft sein, die zwar ihr Leiden heilt, aber ansonsten nicht an ihr interessiert ist. Aus der unsichtbaren Frau wird eine sichtbare!

Jutta Wilbertz

6. APRIL

Gott hat einen hohen Preis für euch bezahlt, deshalb werdet nicht Sklaven von Menschen.
(1. Korinther 7,23)

Gott hat mich losgekauft, ich bin entlassen aus dem Sklavenhaus, darf selbst entscheiden und auf das hören, was die leise Stimme Gottes in mir flüstert. Der Heilige Geist will mein Ratgeber sein, mich auf den rechten Weg leiten, mich ermutigen, erfreuen, korrigieren und bereichern. Wenn ich zuerst auf ihn höre, werden sich Klarheit und Frieden in mir ausbreiten. Danach kann ich immer noch fragen, was meine Mitmenschen denken und wie sie es meinen. Wem vertraue ich mehr, den Sklaventreibern und Meinungsmachern oder Gottes guten Gedanken?

Antje Rein

7. APRIL

„Wer mich sieht, der sieht den Vater!"
(Johannes 14,9; LUT)

Wenn ich Briefe von Menschen mit unlösbaren Problemen bekomme, schreibe ich ihnen zurück, dass ich die „Warum?"-Fragen nicht beantworten kann, dafür aber eine andere Frage, nämlich wie ihre Not auf Gott wirkt. Wir können das wissen, weil Gott uns in Jesus sein Gesicht zeigt – ein Gesicht, über das manchmal die Tränen liefen. Wir begleiten Jesus durch die Evangelien, und wir sehen, was er mit einer Witwe machte, die ihren Sohn verloren hatte, mit einer von allen gemiedenen Frau, deren Blutungen nicht aufhören wollten, ja mit einem römischen Offizier, dessen Diener schwerkrank geworden war.

Philip Yancey

8. APRIL

Denn durch dieses eine Opfer hat er alle, die er heiligt, für immer vollkommen gemacht.

(Hebräer 10,14)

Mir ist aufgefallen, dass die Menschen, die sich offensichtlich selbst gut leiden können, sich nicht durch peinliche Fehler erschüttern lassen. Diese Einstellung bewundere ich, seit ich festgestellt habe, dass ich mich wie der Elefant im Porzellanladen benehme. Je stärker ich dagegen ankämpfe und versuche, ja nichts verkehrt zu machen, desto häufiger zaubere ich ein verkrampftes Lächeln auf die Gesichter meiner Mitmenschen. Heute sehe ich mich so, wie ich wirklich bin: als einzigartige, aber leider angeschlagene Tasse ohne Henkel.

Patsy Clairmont

9. APRIL

„Bittet, und ihr werdet erhalten, um was ihr gebeten habt. Sucht und ihr werdet finden. Klopft an, und die Tür wird euch geöffnet werden."

(Matthäus 7,7)

Ich führe ein Gebetstagebuch, in das ich meine Gebetsanliegen eintrage. Ich schreibe auf, für welche Personen oder Sachen ich bete, und auch, worum ich Gott bitte. Ich schreibe auch das jeweilige Datum dazu; dadurch weiß ich immer genau, wann ich angefangen habe, für ein bestimmtes Anliegen zu beten. Wenn ich in meinem Tagebuch blättere, bin ich immer wieder über drei Punkte erstaunt: 1. Gott erhört früher oder später jedes meiner Gebete. 2. Das, was er gibt, ist meist etwas anderes als das, worum ich gebeten habe. 3. Das, was er gibt, ist besser. Durch mein Tagebuch habe ich gelernt, auf Gottes Weisheit zu vertrauen.

James Smith

10. APRIL

Durch ihn hat Gott alles erschaffen, was im Himmel und auf der Erde ist.

(Kolosser 1,16)

Rohstoffe, Erde, Nahrung, Kleidung, Natur: Alles ist durch ihn geschaffen. In der Konsequenz heißt das für mich: Alles, was ich sehe, kann mich an den lebendigen Gott erinnern. Es ist seine Erde, wir sind nur Verwalter, bebauen seine Welt und haben Verantwortung für sie. Wenn ich diesen Gedanken in mir pflege, werde ich täglich durch seine Schöpfung auch an ihn als den Schöpfer erinnert. Gott ist mir nicht fremd und fern.

Jutta Scherle

11. APRIL

Eine Frau aus dem Ort, die für ihren unmoralischen Lebenswandel bekannt war, erfuhr, dass er da war. Sie kniete vor Jesus nieder und weinte. Dann sagte Jesus zu der Frau: „Deine Sünden sind dir vergeben."
(Lukas 7,37-38.48)

Im Haus des Pharisäers war die Sünderin, deren Name ungenannt bleibt, zutiefst beeindruckt von der Güte und dem Mitgefühl im Gesicht des Meisters. Seine Augen sprachen zu ihr: „Komm zu mir. Zögere nicht. Warte nicht, bis du mit deinem Leben aufgeräumt hast und den Kopf wieder aufrecht tragen kannst. Ich will dir begegnen, wo du gerade stehst, und dich lieben, so wie du bist und nicht so, wie du deiner Meinung nach sein solltest."

Brennan Manning

12. APRIL

Wenn du deinem Nächsten sofort helfen kannst, dann sag nicht: »Komm morgen wieder, dann werde ich dir helfen.«

(Sprüche 3,28)

Eins der größten Missverständnisse im Hinblick auf Mitgefühl besteht darin, dass man es eher als Gefühl versteht statt als Handlung. Mitgefühl ist jedoch mehr, als nur Mitleid für jemand zu empfinden. Mitgefühl drückt sich aus, wenn uns ein Bedürfnis aufgefallen ist und wir etwas dafür tun. Es gibt verschiedene Wege, wie wir mitfühlender werden können. Bete für Augen, die die wirklichen Bedürfnisse anderer sehen können. Lerne mit deinen Ohren, die Probleme anderer zu hören. Gebrauche deine Hände, um konstruktiv zu helfen. Stecke dein Umfeld mit deinem Herzen voller Liebe an.

Carol Kent/Karen Lee-Thorp

13. APRIL

„Denn das Lamm, das in der Mitte auf dem Thron ist,
wird ihr Hirte sein und für sie sorgen."
(Offenbarung 7,17)

Jesus, das Lamm Gottes, ist würdig zu herrschen, weil er sein Leben für uns gegeben hat. Und seine Herrschaft besteht nicht in einer formellen Machtstellung, aus der heraus er sich die Menschen unterwirft; auch nicht in irgendwelchen autoritären Führungsansprüchen. Seine Herrschaft besteht in seinem Leben, das er für andere gegeben hat. Sein ganzes Leben und Wesen sind so Vertrauen erweckend, dass wir als freie Menschen in Liebe darauf antworten und ihm unser Leben übergeben, ohne jede Angst, dass er unser Vertrauen missbrauchen könnte.

Magnus Malm

14. APRIL

„Die Klugen werden so hell strahlen wie die Sonne und diejenigen, die andere auf den Weg der Gerechtigkeit geführt haben, werden für alle Ewigkeit funkeln wie die Sterne."

(Daniel 12,3)

Irgendwann im Laufe der Geschichte wurde aus der Bewegung Jesu Christi das zivilisierte Christentum. Wir haben eine Religion gegründet, die den Namen Jesu trägt, und reden uns ein, Gott wolle uns in eine fromme Kuschelecke absondern. Dort riskieren wir nichts, opfern nichts, verlieren nichts und sind fein heraus. Aber Jesus starb nicht, um uns vor dem Tod zu bewahren, sondern um uns die Angst vor dem Tod zu nehmen. Jesus kam, uns zu befreien, sodass wir furchtlos sterben und auferstehen können. Jesus will uns an einen Ort führen, den wir nur nach dem Tod erreichen können.

Erwin Raphael McManus

15. APRIL

„Komm mit und folge mir nach."
(Matthäus 9,9)

Wenn man Jesus nachzufolgen beginnt, dann hat das immer ein gewisses Aufbrechen, ein Loslassen und Sich-auf-den-Weg-Machen zur Folge. Wer ja sagt zu dem Gott der Bibel und seinem Sohn Jesus Christus, stellt ihm, was sein Leben und seine Zukunft betrifft, eine Blanko-Vollmacht aus. Wer hat den Mut dazu?

Noor van Haaften

16. APRIL

Nur Gott, der das Gesetz gegeben hat, kann gerecht richten. Nur er hat die Macht, zu retten oder zu vernichten. Welches Recht hast du also, deinen Nächsten zu verurteilen?

(Jakobus 4,12)

A. Schmemann, ein Priester, der eine Reformbewegung in der russisch-orthodoxen Kirche anführte, berichtet, wie er einmal mit seiner Verlobten in Paris mit der U-Bahn fuhr. An einer Station bestieg eine alte, hässliche Frau in der Uniform der Heilsarmee den Zug und setzte sich in die Nähe des Paares. Die beiden flüsterten sich auf Russisch zu, wie abstoßend die Frau aussah. Ein paar Stationen später stand sie auf, um auszusteigen. Als sie vorbeiging, sagte sie in tadellosem Russisch: „Ich war nicht immer so hässlich." Schmemann sagte, dass diese Frau ein Engel Gottes war, der ihm die Augen öffnete.

Philip Yancey

17. APRIL

Der Herr antwortete ihm: »Ich selbst werde mit dir gehen, Mose. Ich will dir Ruhe verschaffen.«

(2. Mose 33,14)

Ich habe gemerkt, dass ich mich selbst zur Ruhe ermahnen muss. In meinem Kopf hetzen die Gedanken. Selbst wenn ich einen Tee bereite und auf den Wasserkocher warte, mache ich Pläne. Es lohnt sich, nicht ständig an den nächsten Augenblick zu denken, sondern eine echte Pause zu machen: Schon kleine Momente des Atemholens geben mir Kraft, z.B. wenn ich an der Ampel den Sonnenschein genieße. Bei meinen Eltern hängt auf der Gästetoilette ein Bildkalender. Der letzte Zufluchtsort, ein Zimmer mit Aussicht.

Friederike Tegge

18. APRIL

*Ich legte mich nieder, um zu schlafen, und erwachte
in Sicherheit, denn der Herr behütete mich.*

(Psalm 3,6)

Für mich besteht die radikalste Herausforderung des Glaubens darin, den Mut aufzubringen und Ja dazu zu sagen, dass der auferstandene Jesus Christus auch jetzt gegenwärtig ist. Dieses Ja ist ein Akt des Glaubens, eine entschiedene, rückhaltlose Antwort auf den auferstandenen Jesus, der gegenwärtig und neben mir, vor mir, um mich und in mir ist. Es ist ein Ruf des Vertrauens, dass Jesus mir Sicherheit schenkt, nicht nur angesichts des Todes, sondern auch angesichts noch schlimmerer Drohungen, die meine eigene Bosheit ausdenkt; ein Wort, das nicht nur einmal gesagt, sondern immer wiederholt werden muss.

Brennan Manning

19. APRIL

Freuet euch in dem Herrn allewege, und abermals sage ich:
Freuet euch!

(Philipper 4,4; LUT)

Ich verschließe meine Augen nicht vor dem Leid dieser Welt. Ich erlebe persönlich viel von den schweren Seiten des Lebens. Aber ich will mich nicht mehr von den Miesmachern anstecken lassen, denen nie etwas gut genug ist und denen die Dankbarkeit abhanden gekommen ist. Ich will mich nicht abhalten lassen, die schönen Seiten des Lebens zu genießen, die Highlights wie die Tiefen auszukosten und mich an meinem Gott und der von ihm geschaffenen Welt zu freuen. Ich will die guten Zeiten, die Gott mir schenkt, dankbar annehmen und genießen, genauso wie ich die schweren Stunden mit Gottes Hilfe tragen will.

Hans Heidelberger

20. APRIL

Wer großzügig gibt, wird dabei immer reicher, wer aber sparsamer ist, als er sein sollte, wird immer ärmer dabei.
(Sprüche 11,24)

Der Schlüssel zum reichen Leben ist die Großzügigkeit. Und großzügig sind oft nicht die Reichsten. Ich weiß noch genau, wie mir eine alte indische Dame eine wunderschöne silberne Fußkette schenkte. Eine Frau, die sich ihr ganzes Leben lang für Waisenkinder eingesetzt hatte, deren einziges Zimmer kleiner war als die Hälfte meiner Küche, deren Gehalt von der Spendenfreudigkeit anderer abhing. Sie wollte mir eine Freude machen. Gerade in Indien erlebte ich oft ein solches Verhalten. Herr, lass mich großzügig sein! Du hast gesagt, wer abgibt, der empfängt.

Margit Pflüger

21. APRIL

Denn wir sind für Gott ein Wohlgeruch Christi unter denen, die gerettet werden und unter denen, die verloren werden: diesen ein Geruch des Todes zum Tode, jenen aber ein Geruch des Lebens zum Leben.

(2. Korinther 2,14-16; LUT)

Haben Christen einen Geruch? Nicht den oft zitierten „Stallgeruch", an dem sie sich erkennen, auch nicht den muffigen Geruch alter Traditionen, sondern den guten Geruch der Erkenntnis Gottes, ein Geruch des Lebens zum Leben? Der Opfertod Jesu ist solch ein „lieblicher Wohlgeruch". Und so sollen auch die Christen ein Wohlgeruch für die Welt sein. Dieser soll die Menschen locken, damit sie auf die richtige Lebensspur kommen.

Marieluise Bierbaum

22. APRIL

Eine einzige Bitte habe ich an den Herrn. Ich sehne mich danach, solange ich lebe, im Haus des Herrn zu sein, um seine Freundlichkeit zu sehen und in seinem Tempel still zu werden.

(Psalm 27,4)

Die geistlichen Meister lehren uns seit vielen Jahrhunderten, wie Gott in der Schöpfung zu uns spricht. Wie ein Astronom sich eine Stelle sucht, an der die Lichter der Großstädte den Blick in den Himmel nicht verdecken, so haben Menschen des Glaubens zu allen Zeiten die Stille gesucht. Sie haben gelernt, dass man dem Lärm und den Ablenkungen des modernen Lebens regelmäßig entfliehen muss, um die allgegenwärtige Stimme zu hören, die in unsere Seele hineinspricht, sodass man sich der Majestät und der Herrlichkeit Gottes bewusst wird.

Gordon MacDonald

23. APRIL

Er wird die Gebete der Hilflosen erhören und sich
ihren Bitten nicht verschließen.
(Psalm 102,18)

Ich bat um Reichtum, um glücklich zu werden. Ich erhielt ihn nicht und wurde weise. Ich bat um Kraft, etwas zu leisten. Ich erhielt sie nicht und lernte, Gottes Hilfe zu suchen. Ich erbat alles, um mich des Lebens zu erfreuen. Ich erhielt das Leben, um mich an allem zu erfreuen. Ich bekam wenig von dem, was ich erbat, und doch alles, was ich erhofft hatte.

Verfasser unbekannt

24. APRIL

„Daheim haben die Tagelöhner mehr als genug zu essen,
und ich sterbe hier vor Hunger!"
(Lukas 15,17)

In seinem Gleichnis vom verlorenen Sohn hält Jesus sich nicht dabei auf, aus welchen Gründen der junge Mann wieder nach Hause kommt. Der jüngere Sohn empfindet keine plötzliche Reue, er wird nicht einmal von der Liebe zum Vater überwältigt, dem er so großes Unrecht getan hat. Er ist einfach sein elendes Leben leid, und was ihn zurücktreibt, ist der pure Egoismus. Aber für Gott spielt es anscheinend keine Rolle, ob wir aus Verzweiflung oder aus Sehnsucht zu ihm kommen.

Philip Yancey

25. APRIL

Ihr seid berufen, liebe Freunde, in Freiheit zu leben – nicht in der Freiheit, euren sündigen Neigungen nachzugeben, sondern in der Freiheit, einander in Liebe zu dienen.
(Galater 5,13)

Christus hat jetzt keinen anderen Leib als euren, keine Hände außer euren. Eure Augen sind es, durch die Christi Erbarmen auf die Welt schaut. Mit euren Füßen geht er umher und tut Gutes. Mit euren Händen will er uns jetzt segnen.

Teresa von Avila

26. APRIL

„Es ist vollbracht!"
(Johannes 19,30)

Die Worte strömen Siegesduft aus und bringen den Kern des Evangeliums zum Ausdruck: Gott hat durch Jesus alles getan, was wir brauchen, um uns mit Gott zu versöhnen. Wohl schmerzen mich meine Niederlagen, meine fehlende Liebe, meine Ungeduld, meine falschen Motive oder mein Unglaube. Umso heilvoller, tröstender und erlösender ist es, diese Worte Jesu zu Herzen zu nehmen: Es ist vollbracht. Von seiner Seite ist alles vollzogen. Auf diesem Grund darf ich bauen und mutig und befreit weiterschreiten.

Marit Studer

27. APRIL

Es ist dir gesagt, Mensch, was gut ist und was der Herr von dir fordert, nämlich Gottes Wort halten und Liebe üben und demütig sein vor deinem Gott.

(Micha 6,8; LUT)

Liebe üben: Die Pharisäer kannten sich bestens mit dem Wort Gottes aus und befolgten seine Gesetze. Dabei vergaßen sie aber, dass das größte Gebot von der Liebe handelt. „Liebe üben" bedeutet, sensibel zu sein für die Nöte und Fragen der Menschen um mich herum. Ich bin bereit, anderen zu dienen und für sie zu sorgen – auch wenn es mich Zeit, Energie oder Geld kostet.

Elizabeth Domig

28. APRIL

„Wenn jemand hundert Schafe hätte, und eines würde weglaufen und sich in der Wüste verirren, würde er dann nicht die neunundneunzig Schafe zurücklassen, um das verlorene zu suchen, bis er es wiedergefunden hätte?"

(Lukas 15,4)

Gott macht sich auf die Suche, wenn ich mich verirrt habe. Er kommt mir entgegen, wenn ich mich fast nicht mehr traue, zu ihm zurückzukommen. Er wirbt um mich, wenn ich mich in Verbitterung und Selbstgerechtigkeit um mich selbst drehe. Und jedes Mal, wenn ich mich finden lasse, mich von ihm in die Arme nehmen lasse, seine Vergebung und Liebe annehme, gibt es im Himmel ein Fest!

Ruth Lieberherr

29. APRIL

Immer bin ich meinem Gott dankbar, wenn ich an euch denke, und das tue ich in jedem meiner Gebete mit großer Freude.

(Philipper 1,3-4; HFA)

Ich überlege: Macht es mir eigentlich auch große Freude, andere Menschen im Gebet vor Gott zu bringen? Mir fällt ein, dass ich manchmal fest versprochen hatte „Ich bete für dich", und dann habe ich es einfach vergessen.

Brunhilde Blunck

30. APRIL

„Denn getrennt von mir könnt ihr nichts tun."

(Johannes 15,5)

Das dumme Gefühl, ich lebe an meiner Berufung vorbei, hat wohl weniger mit Umständen, Zuständen und Missständen zu tun, als vielmehr mit meinem Versäumnis in der Beziehung zu meinem Herrn, der mich liebt. Liebe braucht Zeit. Sie lässt sich nicht „nebenbei" erledigen. Und Liebe erschöpft sich nicht in „guten Taten" für den Geliebten, sondern im Sein bei ihm. Liebe braucht für den Geliebten Zeit und Raum, dieser aber war zunehmend besetzt von dem, was ich für ihn tun wollte.

Astrid Eichler

1. MAI

Ich will meinen Gott loben, solange ich auf Erden bin!
(Psalm 104,33)

Danke für das Geschenk, zu lieben und geliebt zu sein, für die Schönheit der Tiere auf dem Bauernhof und in den Wäldern, für das Rauschen des Wasserfalls und für die Schönheit der blitzschnellen Forelle im Bach. Danke für die Rehe, die über die Wiese springen, für Feuer und Wasser und den Zauber von Monet, für den Regenbogen nach einem Sommergewitter, für eine Frau mit windzerzaustem Haar, die den Hügel hinabschlendert, und für einen dampfenden Becher Kaffee.

Brennan Manning

2. MAI

„Ich will euch trösten, wie einen seine Mutter tröstet."
(Jesaja 66,13; LUT)

Wenn jemand verletzt ist, körperlich oder durch harte Worte, dann braucht er Trost. In Einsamkeit, in Angst brauchen wir Trost. In diese Situationen unseres Lebens will Gott hineinkommen, da will er uns begegnen! Da sagt er zu uns: „Komm mal her! Zeig mal!" Die Mutter muss sich anschauen, was da wehtut. Ein „Erzähl mal" hilft schon. Gehen wir so zu Gott, wie zu einer Mutter?

Astrid Eichler

3. MAI

Wenn der Fuß sagen würde: „Ich bin kein Teil des Körpers, weil ich keine Hand bin", sollte er deshalb nicht zum Körper gehören?"
(1. Korinther 12,15)

Zu wissen, wer wir nicht sind, ist befreiend. Wir müssen uns nicht bis zur Erschöpfung verausgaben. Wir brauchen uns nicht schlecht zu fühlen, wenn das Leben anderer glanzvoller aussieht als unser eigenes. Wir können große Träume träumen, ohne mit anderen wetteifern zu müssen oder uns zu vergleichen.

Carol Kent/Karen Lee-Thorp

4. MAI

Die Menschen zu fürchten ist eine gefährliche Falle, wer aber auf den Herrn vertraut, lebt unter seinem Schutz.
(Sprüche 29,25)

Gibt es Menschen, vor denen ich unehrlich bin, nur um mein Gesicht oder meinen guten Ruf zu wahren? Nein – ich möchte nicht aus Menschenfurcht immer tiefer in die Grube der Selbstablehnung fallen. Denn Gott sagt mir zu, dass er zu mir steht und mich unendlich wertschätzt. Ich möchte heute aufstehen und heraustreten aus dem alten Leben der Furcht vor Menschen, und ich lasse mir von Jesus den Rücken stärken für die nötigen Schritte.

Antje Rein

5. MAI

*„Wir können nicht aufhören, von dem zu erzählen,
was wir gesehen und gehört haben."*
(Apostelgeschichte 4,20)

Was wir sehen und hören, bestimmt unser Leben. Was wir uns anhören, bestimmt, über welche Themen wir sprechen. Ich muss mich fragen: Was siehst du dir an? Wo hörst du hin? Woher kommen die Themen in deinem Leben? Und wer bestimmt eigentlich, was dich beschäftigt? Ich möchte reden, und deshalb möchte ich auf Jesus sehen und auf Jesus hören. Er soll mich beeindrucken.

Christina Brudereck

6. MAI

„Liebe deinen Nächsten wie dich selbst."
(Matthäus 22,39)

Wie wir andere Menschen sehen, so sehen wir uns normalerweise auch selbst. Wenn wir Frieden geschlossen haben mit unserem zerbrechlichen Menschsein und unsere Identität als bedürftige Außenseiter angenommen haben, dann sind wir in der Lage, bei anderen zu tolerieren, was wir zuvor an uns selbst unannehmbar fanden.

Brennan Manning

7. MAI

Wir werden von Gott gerecht gesprochen, indem wir an Jesus Christus glauben. Dadurch können alle ohne Unterschied gerettet werden.

(Römer 3,22)

Während A. Solschenizyn die Verbrechen Stalins und dessen Schergen anklagt und scharf verurteilt, befallen ihn Selbstzweifel. Unumstritten ist er das Opfer: gefoltert, verbannt. Aber hat er nicht auch kurz zuvor als Offizier seine Macht missbraucht? Er erkennt: „Vom Guten zum Bösen ist's ein Windstoß weit." Mich schmerzt diese Erkenntnis. Dennoch hilft sie mir dabei, demütig zu bleiben. Ich will mich nicht mehr vergeblich abstrampeln bei dem Versuch, „gut" zu sein, sondern meine Hoffnung auf Jesus setzen und ihn in mir wirken lassen!

Anna-Maria Heinemann

8. MAI

Jesus ging in den Tempel und fing an, die Händler hinauszutreiben. Er stieß die Tische um.
(nach Matthäus 21,12)

Mir wurde bewusst, dass Jesus in meiner bisherigen Vorstellung die Persönlichkeit von Mr. Spock in Raumschiff Enterprise hatte: Er blieb immer cool und schritt unerschütterlich, fast robotergleich, zwischen leicht erregbaren Menschen auf dem Raumschiff Erde umher. Dieses Bild fand ich allerdings in den Evangelien nicht wieder. Andere Menschen beeinflussten Jesus durchaus, bewegten ihn sehr. Selbstgerechtigkeit brachte ihn auf, über rückhaltloses Vertrauen freute er sich. Tatsächlich schien er tiefere Gefühle zu haben als die meisten Menschen. Und er war viel leidenschaftlicher.

Philip Yancey

9. MAI

Sie werden nicht mehr hungern und keinen Durst mehr haben. Die sengende Sonne und die heißen Wüstenwinde werden ihnen nichts anhaben. Ihr Erbarmer wird sie leiten und an frisches Wasser führen.

(Jesaja 49,10)

In Zeit und Ewigkeit gibt es nichts Wunderbareres als die Gewissheit, dass Sie wirklich und vollkommen geliebt werden. Es ist köstliches, kühles Wasser für den tiefsten Durst Ihres Herzens. Es ist die Quelle, die hervorsprudelt, um Leben in Ihre Wüste zu bringen. Das unerschöpfliche Bewässerungssystem in Ihnen ist die große Liebe, die der Herr für Sie hat, wie auch immer Sie sein mögen. Er ist eine sich nie ändernde, nie versiegende Quelle der Liebe.

Pam Vredevelt

10. MAI

„Du aber, geh deinen Lebensweg bis zum Ende. Dann wirst du ruhen, um aber am Ende der Tage aufzuerstehen und das Erbe, das dir bestimmt ist, zu empfangen."

(Daniel 12,13)

Egal, wie wir am Ende unseres Lebens dastehen, wichtig ist, dass wir bis zum Ende Jesus treu bleiben. Die Verheißung des ewigen Lebens steht fest. Nichts und niemand kann sie uns nehmen. Und wer bis zum Ende treu bleibt, der wird erben, was ihm verheißen ist. Das ewige Leben!

Elke Werner

11. MAI

Jesus spricht: *„Nicht ihr habt mich erwählt,
sondern ich habe euch erwählt."*
(Johannes 15,16; LUT)

Das Selbstwertgefühl von uns Frauen ist oft ein zartes Pflänzchen. Wie leicht bekommt es einen kalten Luftzug ab, und dann lässt es den Kopf hängen. Das kann passieren, wenn wir uns mit anderen vergleichen und dabei den Kürzeren ziehen, wenn hormonelle Schwankungen uns zu schaffen machen … Jesus möchte nicht – wie wir es bei den Mächtigen dieser Welt beobachten – vor allem die um sich haben, die nach menschlichen Maßstäben VIPs sind, besonders begabt, einflussreich oder interessant. In Gottes Augen sind wir Heilige und Geliebte.

Christel Hausding

12. MAI

Zieht an den Herrn Jesus Christus …
(Römer 13,14; LUT)

Ein authentischer Lebensstil ist nicht gleichbedeutend mit einem angepassten Lebensstil. Die Aufforderung des Paulus, „den Herrn anzuziehen", meint ausdrücklich, sich nicht dem Zeitgeist anzupassen. Mit absoluter Zielstrebigkeit und reinem Herzen trachtete Jesus allein danach, dem Vater zu gefallen. Er machte sich keine Gedanken darüber, ob er dem Bild eines „netten jungen Mannes" entsprach.

Brennan Manning

13. MAI

Sammelt euch aber Schätze im Himmel, wo sie weder Motten noch Rost fressen und wo die Diebe nicht einbrechen und stehlen.

(Matthäus 6,20; LUT)

Das ist wirklich ziemlich krass! Das, was wir tun, wird gesehen und gewürdigt. Die Bibel spricht von Schätzen, die wir im Himmel ansammeln. Gott sieht, was wir tun, und ist stolz auf uns. Wenn wir uns zum Beispiel um ausländische Studenten kümmern, kann das großartige Konsequenzen haben, von denen wir nur nie erfahren werden. Vielleicht kehren diese Studenten in ihre Heimatländer zurück und beeinflussen die dortigen Gesellschaften positiv. Aber auch auf einer höheren Ebene wirkt sich unser Handeln aus. Das Richtige tun bedeutet, Gottes Reich hier zu errichten. Und Gott ist stolz auf uns!

Friederike Tegge

14. MAI

„Was nützt es, die ganze Welt zu gewinnen und dabei seine Seele zu verlieren?"
(Matthäus 16,26)

Unser geistliches Wachstum als Christen ist wichtiger als unsere berufliche Fortbildung. Selbst wenn es so sein sollte, das berufliche Niederlagen die einzige Chance wären, um unsere geistliche Berufung zu erfüllen, hätten sich alle Enttäuschungen und Misserfolge gelohnt. Lohnt es sich nicht auch deshalb, weil wir daraus lernen, barmherziger mit den Fehlern anderer umzugehen? Und deshalb, weil wir uns dadurch in Geduld üben können und darin, in der Weisheit der angenommenen Liebe Gottes zu leben und diese an andere weiterzugeben?

Brennan Manning

15. MAI

Es gibt verschiedene Gaben, doch ein und derselbe Geist teilt sie zu. So wie er es will, teilt er jedem und jeder in der Gemeinde die eigene Fähigkeit zu. Ihr seid alle zusammen der Leib von Christus, und als Einzelne seid ihr Teile an diesem Leib.
(1. Korinther 12,4.11.27; GNB)

Entwickle ein gutes Verständnis der Gaben, die Gott jedem Christen schenkt. Wenn wir einmal verstanden haben, dass niemand von uns mehr oder weniger wichtig ist, weil er diese oder jene Gabe hat, dann zählt nur noch uneigennützig Gott zu dienen. Wir tun, was wir tun, weil es die Gemeinde Jesu segnet, und wir haben es weder nötig, uns wegen unserer Aufgaben in Gottes Reich mehr, noch uns weniger wert zu fühlen.

Carol Kent/Karen Lee-Thorp

16. MAI

Kaiphas, der in dem Jahr Hoherpriester war, sprach zu ihnen: „Es ist besser für euch, ein Mensch sterbe für das Volk, als dass das ganze Volk verderbe."

(nach Johannes 11,49-50; LUT)

Etwas Schreckliches ist mit Kaiphas passiert. Religiös verblendet hat er den Respekt vor der Person verloren. Für Kaiphas ist der Glaube zur Institution und Struktur erstarrt. Der einzelne Mensch aus Fleisch und Blut ist für ihn verzichtbar geworden. Die Wahl, vor die Christen normalerweise gestellt werden, ist nicht die zwischen Jesus und Barrabas. Die Wahl, bei der man heute aufpassen muss, ist die zwischen Jesus und Kaiphas. Und Kaiphas kann uns täuschen. Er ist ein sehr „gläubiger" Mann.

Brennan Manning

17. MAI

Deshalb verhaltet euch nicht wie ängstliche Sklaven. Wir sind doch Kinder Gottes geworden und dürfen ihn „Abba, Vater" rufen. Und als seine Kinder sind wir auch Miterben an seinem Reichtum – denn alles, was Gott seinem Sohn Christus gibt, gehört auch uns.

(Römer 8,15.17)

Ein Problem: die „zu netten" Frauen, die versuchen, es allen recht zu machen, aber nicht fähig sind, für sich selbst und ihr eigenes Recht zu sorgen. Frauen, die „Ja" sagen – obwohl ihre inneren Impulse „Nein" schreien. Frauen, die auch dann noch nett sind, wo eigentlich Abgrenzung und Widerstand angesagt wäre. Nehmen Sie Ihre Wünsche, Bedürfnisse und Gedanken bewusst wahr.

Tamara Hinz

18. MAI

„Denn das Reich Gottes ist mitten unter euch."
(Lukas 17,21)

Es sind die unspektakulären, im Verborgenen getanen Dienste der Barmherzigkeit – Notleidende speisen und beherbergen, Kranke und Gefangene besuchen, Jugendlichen Erziehung und Korrektur bieten, heilende Worte sprechen, Unrecht ertragen, seelsorgerliche Hilfe anbieten, staubige Füße waschen, mit jemandem beten -, die ausdrücken, dass das Reich Gottes in unserem Leben gegenwärtig ist.

Brennan Manning

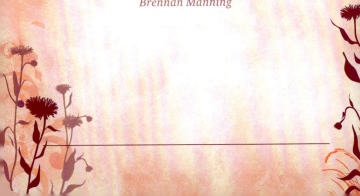

19. MAI

*„Die Stolzen werden gedemütigt,
die Demütigen aber geehrt werden."*
(Lukas 14,11)

Im alten Griechenland und Rom stand Demut nicht hoch im Kurs; dort zählten Leistung und Macht. Das ist heute nicht anders: Der moderne Starkult richtet seine Scheinwerfer auf Milliardäre, die ihre Angestellten gnadenlos feuern, auf Supermodels, aufgeblasene Popstars und Leistungssportler. In den Worten des Theologen Daniel Hawk: „Das Grundproblem der Menschheit ist, dass jeder glaubt, dass es einen Gott gibt und dass er selber dieser Gott ist." Wir brauchen hier eine kräftige Korrektur, und für mich ist diese Korrektur das Gebet.

Philip Yancey

20. MAI

„Ich will deinen Willen tun, nicht meinen."
(Matthäus 26,39)

Heute, nach 2000 Jahren, wissen wir, dass Jesus nicht versagt hat. Aber damals sah es ganz anders aus. Natürlich dauerte es lange, bis auch einige seiner Jünger das Gegenteil herausfanden. Tu, was Jesus tat, und du wirst vielleicht entdecken, dass die Welt – einschließlich deiner Freunde und Familie – dich für einen Versager hält. Aber Jesus wird sich freuen, weil er das alles kennt und selbst erlebt hat. Jesus nachzufolgen heißt nicht, erfolgreich zu sein, sondern treu zu sein.

Mike Yaconelli

21. MAI

„Hast du mich lieb?"
(Johannes 21,17)

Dass Jesus so ausdrücklich bekräftigt, dass Petrus nach wie vor eine geistliche Führungsverantwortung hat, muss für Zeit und Ewigkeit unsere sämtlichen Vorstellungen, dass das geistliche Leiten auf unserer Tüchtigkeit beruht, zunichte machen. Jesus fragt nicht nach Petrus' Qualifikationen oder nach seinen Zukunftsvisionen. Stattdessen stellt er die Frage aller Fragen für den christlichen Leiter: „Hast du mich lieb?"

Magnus Malm

22. MAI

Doch jetzt sind wir vom Gesetz befreit, denn wir sind mit Christus gestorben und der Macht des Gesetzes nicht länger unterstellt. Deshalb können wir Gott von nun an in einer neuen Weise dienen … durch den Heiligen Geist.
(Römer 7,6)

Ich halte es nicht für richtig, wenn man neugeborenen Kindlein in Christus sofort Anweisungen gibt, was sie nun zu tun oder zu lassen haben. Wir dürfen diese Arbeit ruhig dem Heiligen Geist überlassen. Als Zachäus zu Jesus kam, wusste er bald, ohne dass irgendjemand ihm das gesagt hätte, dass er alles zurückzahlen müsse, was er gestohlen hatte. Wir bringen die Menschen nicht zu einer Religion, sondern zu einer Person: Jesus.

Corrie ten Boom

23. MAI

Gott hat die Ewigkeit in das Herz des Menschen gelegt.
(Prediger 3,11; eigene Übersetzung)

Bis zu diesem Tage hat noch niemand gesehen, dass die Zugvögel ihren Weg nehmen nach wärmeren Gegenden, die es gar nicht gäbe, oder dass sich Flüsse ihren Lauf durch Felsen und Ebenen bahnen und einem Meer entgegenströmen, das gar nicht vorhanden wäre. Gott hat gewiss keine Sehnsucht oder Hoffnung erschaffen, ohne auch die Wirklichkeit zur Hand zu haben, die als Erfüllung dazugehört. Unsere Sehnsucht ist unser Pfad, und selig sind, die da Heimweh haben, denn sie sollen nach Hause kommen.

Tania Blixen

24. MAI

Lehre uns, unsere Zeit zu nutzen, damit wir weise werden.
(Psalm 90,12)

Das Leben ist zu kurz, um einen Tag vergehen zu lassen, ohne meine Frau, mein Kind und meine Freunde zu umarmen, zu kurz, um jeden Tag eine Krawatte zu tragen, und zu kurz, um mich ständig darum zu kümmern, ob meine Kleidungsstücke alle zusammenpassen. Es ist zu kurz, um im Haus zu bleiben, wenn im Herbst die Blätter bunt werden oder wenn es schneit oder wenn im Frühling die ersten Blumen und Bäume blühen.

James Smith

25. MAI

„Meine liebe Marta, du sorgst dich um so viele Kleinigkeiten! Im Grunde ist doch nur eines wirklich wichtig. Maria hat erkannt, was das ist."
(Lukas 10,41-42)

Der Versuch, erst die halbe Welt in Ordnung zu bringen, bevor ich mich zu Jesu Füßen setzen kann, führt nur dazu, dass ich nie zu ihm komme. Immer und immer wieder werden andere Dinge mir „das gute Teil" wegnehmen.

Magnus Malm

26. MAI

Flöge ich hinauf in den Himmel, so bist du da; stiege ich hinab ins Totenreich, so bist du auch da. Nähme ich die Flügel der Morgenröte …, würde deine Hand mich auch dort führen und dein starker Arm mich halten.

(Psalm 139,8-12)

Weglaufen wollen, fliehen – nach innen oder nach außen –, sich ablenken, beschäftigen, betrinken, wegträumen in eine andere Welt. Zudröhnen mit Arbeit oder immer neuen Ideen oder Bildern. Kino im Kopf, jemand anders sein, woanders sein oder einfach schlafen, sich ausknipsen. Sehnsüchtig sind wir, und wissen manchmal nicht, wohin mit uns. Und da passiert etwas Wunderbares. Du bist da. Und wenn ich weit wegfliegen würde, deine Hand hält mich. Du hältst immer. Zu mir.

Christina Brudereck

27. MAI

Wer den Armen etwas gibt, gibt es Gott,
und Gott wird es reich belohnen.
(Sprüche 19,17; HFA)

Durch das geschriebene Evangelium offenbart Jesus sich uns. Im Umgang mit anderen Menschen können wir dann nachahmen, was wir gelesen und worüber wir nachgedacht haben – zum Beispiel Jesu auffallende Großzügigkeit. Er schenkte Menschen seine Zeit und Aufmerksamkeit, ob sie nun Aussätzige, römische Befehlshaber oder reiche jüdische Jünglinge waren. Er war in dieser Hinsicht absolut großzügig.

Dallas Willard/Jan Johnson

28. MAI

Als neue Menschen, geschaffen nach dem Ebenbild Gottes und zur Gerechtigkeit, Heiligkeit und Wahrheit berufen, sollt ihr auch ein neues Wesen annehmen.
(Epheser 4,24)

In den Evangelien erfahren wir, wie Jesus unter den Menschen lebte und wandelte – in völliger Übereinstimmung mit dem Willen des Vaters. Und wir werden angehalten, es ihm gleichzutun, das Wesen Christi anzunehmen – seine Ziele, seine Liebe, seine Hoffnung, seine Gefühle und Gewohnheiten zu den unseren zu machen.

Richard Foster

29. MAI

Es war eine Prophetin, Hanna. Sie war nun eine Witwe an die vierundachtzig Jahre. Die trat auch hinzu zu derselben Stunde und pries Gott und redete von ihm zu allen.
(nach Lukas 2,36-38; LUT)

Wertschätzung Gottes für Alleinerziehende, Witwen und Seniorinnen! Denn zu dem „erlauchten" Kreis von Personen, die das Jesuskind als Retter erkennen, gehört Hanna. Gott füllt Hannas Seele mit Freude und Lob. Die alte Dame humpelt auf ihren Stock gestützt durch Jerusalem und erzählt Freunden und Freundinnen, die auf den Retter warten, dass ausgerechnet sie ihrem Retter begegnen durfte!

Christine Schlagner

30. MAI

„Wie schwer ist es doch für Menschen, die reich sind, ins Reich Gottes zu kommen!"
(Markus 10,23)

Wenn Jesus Christus über Jüngerschaft sprach, zeigte er, dass ein Jünger sich von Eigentum und Besitz freimachen muss. Denn wenn das Leben eines Menschen von dem abhängt, was er besitzt, ist sein Leben zu Ende, wenn sein Besitz zerstört wird.

Oswald Chambers

31. MAI

Ihn möchte ich erkennen und die Kraft seiner Auferstehung und die Gemeinschaft seiner Leiden und so seinem Tode gleichgestaltet werden.

(Philipper 3,10; LUT)

Sowohl unsere körperlichen Gebrechen als auch die zahlreichen Schattierungen des seelischen Leides – Einsamkeit, Ängste, die Erfahrung der Sinnlosigkeit des Lebens – all das gehört zu den Lebensumständen, durch die wir das Leiden und den Tod Christi teilen. Dazu gehören auch die vielen Enttäuschungen: ungewollte Ehelosigkeit, Scheitern im Beruf … Was bedeutet das konkret? Jeder von uns hat eine Berufung. Abgesehen von dieser Berufung gibt es jedoch eine zweite, viel bedeutendere – die Berufung, voll und ganz Mensch zu sein in Jesus Christus.

Brennan Manning

1. JUNI

Der Herr ist mein Hirte, ich habe alles, was ich brauche. Er gibt mir Kraft.

(Psalm 23,1.3)

Manchmal fehlt es uns an Vertrauen, weil wir glauben, dass wir anderen in geistlicher Hinsicht nichts zu geben haben. Aber egal wie lange oder kurz du schon Christin bist, du hast ganz bestimmt etwas Einzigartiges beizusteuern. Halte diese Woche nach einer Frau Ausschau, die jünger oder weniger lange Christin ist als du, oder die gerade etwas erlebt, was du auch schon durchgemacht hast. Du musst ihr nichts „beibringen", oder sie jetzt jahrelang als „Mentorin" begleiten. Mach mit Gott einfach aus, dass du für diese Frau da sein willst und sie ermutigen willst.

Carol Kent/Karen Lee-Thorp

2. JUNI

„Meine Gnade ist alles, was du brauchst."
(2. Korinther 12,9)

Durch die Berufung sollen also nicht makellose Kandidaten in eine geistliche Arbeit eintreten, sondern gewöhnliche Sünder sollen in Jesus heil und heilig werden. Es kamen nicht die Tüchtigen zu Jesus und fragten: „Dürfen wir dir helfen?", sondern Jesus selber erwählte die Schwachen.

Magnus Malm

3. JUNI

Kommt her zu mir, alle, die ihr mühselig und beladen seid;
ich will euch erquicken.
(Matthäus 11,28; LUT)

Wenn Jesus das sagt, sehe ich das Bild seiner ausgestreckten Arme vor mir. Es drückt eine große Sehnsucht aus sowie Mitleid und ein tiefes Verständnis für die Wirrnisse der menschlichen Seele. Jesus weiß, dass wir auf unserem Glaubensweg nicht gegen Erschöpfung gefeit und vom Leben gebeutelt, niedergeschlagen und ausgebrannt sein werden, sei es durch unseren Dienst in der Gemeinde, zwischenmenschliche Beziehungen, unsere Aufgabe als Eltern, unseren Beruf oder ehrenamtliche Tätigkeiten, durch unsere Gelüste, Süchte oder wiederkehrende Neurosen.

Brennan Manning

4. JUNI

„Simon! Der Satan ist hinter euch her, die Spreu vom Weizen zu trennen. Aber ich habe für dich gebetet, damit du den Glauben nicht verlierst. Wenn du dann zu mir zurückkehrst, so stärke den Glauben deiner Brüder!"

(Lukas 22, 31-32; HFA)

Wenn du dann zu mir zurückkehrst – welch eine Einladung! Nicht ich halte mit meiner Kraft an Jesus fest, sondern er hält mit seiner Kraft an mir fest! Er gibt mich nicht auf. Er wird mich nicht verlieren. Nicht meine Kraft ist es, mit der ich es schaffen muss, sondern Jesus setzt sich dafür ein, dass ich meinen Glauben nicht verliere.

Christel Eggers

5. JUNI

Und wir wissen, dass für die, die Gott lieben und nach seinem Willen zu ihm gehören, alles zum Guten führt.
(Römer 8,28)

Die gute Nachricht ist, dass Gott seinen Kindern verspricht, dass alles gut werden wird. Er hat einen Plan für unser Leben und das unserer Lieben. Gott ist Gott und er hat alles in der Hand. Unsere Aufgabe ist es zu tun, was Gott von uns erwartet, und ihm dann den Rest zu überlassen. Manchmal wird er uns auffordern, sitzen zu bleiben und zu schweigen. Aber egal, wie die Wegweisung, die er uns gibt, lauten mag – er verspricht, alles nach seinem Plan zu vollenden.

Pam Vredevelt

6. JUNI

Jetzt seid ihr keine Diener mehr, sondern Kinder Gottes.
(Galater 4,7)

„Wir können Gott nicht für uns sichtbar machen", schreibt Abraham Joshua Heschel, „aber wir können uns für ihn sichtbar machen." Ich mache den Versuch voller Zögern, Scham und Angst, aber wenn ich ihn wage, spüre ich, wie diese Hemmungen weichen. Meine Angst vor Zurückweisung verfliegt in der Umarmung Gottes. Ich kann es nicht verstehen, ich kann es nur vertrauend glauben, aber irgendwie macht es Gott Freude, wenn ich ihm die intimsten Details meines Lebens öffne.

Philip Yancey

7. JUNI

Das Warten der Gottesfürchtigen führt zur Freude.
(Sprüche 10,28)

Eine Eigenart der Kinder, die wir auch noch beibehalten, wenn wir älter werden, ist die Unfähigkeit zu warten. Die westliche Kultur fördert sie auch noch. Uns wird gesagt, dass die meisten Probleme unseres Lebens gelöst werden können – und zwar schnell. Das Dumme ist nur, dass es bei Gott so nicht läuft. „Gott ist treu, aber er ist auch manchmal langsam", sagt mein Freund D. Donaldson. Wir wollen aber keinen „langsamen" Gott. „Wenn du wartest, tust du nicht nichts. Du tust etwas; du erlaubst deiner Seele, erwachsen zu werden. Wenn du nicht zur Ruhe kommen und warten kannst, wirst du nie so werden, wie Gott dich gemeint hat."

Mike Yaconelli

8. JUNI

„Was wir gehört haben, was wir mit eigenen Augen gesehen haben, was wir angeschaut haben und betastet haben mit unseren Händen … – davon reden wir."
(1. Johannes 1,1-2; GNB)

Glaube ist bei uns oft seltsam unsinnlich. Ich kann etwas nur begreifen, also verstehen, wenn ich es be-griffen habe, also mit allen Sinnen wahrgenommen habe! Glauben leben und Gott begegnen kann man auf ganz unterschiedliche Weise: durch einen neuen Umgang mit Gottes Wort; durch die Entdeckung Gottes in der Schöpfung und in unseren Mitmenschen; durch die Wiederentdeckung geistlicher Rituale, durch künstlerische Mittel. Diese unvollständige Liste soll Appetit machen, ausgetretene Pfade zu verlassen und Neuland zu entdecken.

Christof Lenzen

9. JUNI

Die Pharisäer waren empört. „Wie kommt euer Meister dazu, mit solchem Abschaum zu essen?"
(Matthäus 9,11)

Als vom Geist Gottes erfüllte Christen sind wir aufgerufen, seine barmherzige Liebe weiterzugeben. Bei der Barmherzigkeit gibt es kein Elitedenken; sie lässt sich nicht an einer Werteskala ablesen. Frieden und Versöhnung für alle Menschen, ohne Ausnahme – selbst für die moralisch Gescheiterten –, das ist der radikale Lebensstil der Christen, die in der Weisheit der angenommenen Liebe Gottes leben. Man mag uns Freunde von Steuereintreibern und Sündern nennen – wir sind es auch (oder sollten es zumindest sein).

Brennan Manning

10. JUNI

Aber ebenso wie wir seufzt und stöhnt auch der Geist Gottes, der uns zu Hilfe kommt. Wir sind schwache Menschen und unfähig, unsere Bitten in der rechten Weise vor Gott zu bringen. Deshalb tritt sein Geist für uns ein mit einem Stöhnen, das sich nicht in Worte fassen lässt.

(Römer 8,26; GNB)

Wie soll mein unfähiges Stottern in Situationen, in denen ich gar nicht weiß, worum ich beten soll, von Gott wahrgenommen werden? Und da lese ich, dass Gottes Geist mit mir stöhnt. Unglaublich! Zu schwach zum Beten! Gott weiß, wie unfähig ich bin, und wie anspruchsvoll – ich möchte doch in meinem Anliegen dem allmächtigen Gott begegnen! Er schickt mir einen Helfer. Der stöhnt sogar mit mir. Unfassbar!

Luise Korte

11. JUNI

Ich erzähle diese Gleichnisse, weil die Menschen zwar sehen, was ich tue, es aber dennoch nicht richtig begreifen.
(Matthäus 13,13)

Martin Luther ist in die Kneipen seiner Zeit gegangen und hat neue Kirchenlieder auf populäre Melodien getextet, die er dort hörte. Das ließ sich gut singen und erreichte die Menschen. Was damals Trinklieder waren, gilt heute als „heilige" Musik. Jesus war ein Meister darin, in der Sprache seiner Kultur zu kommunizieren. Er benutzte Samen, Münzen, Kamele, Feigenbäume, Geschichten. Wenn wir heute also zeitgemäße Kunst, Theater, moderne Musik oder Anschauungs-Objekte benutzen, dann drücken wir damit aus, dass es uns genau so wichtig ist, Menschen zu erreichen, wie es Jesus oder Martin Luther damals war.

Gene Appel

12. JUNI

„Und alles, was ihr tut, im Wort oder im Werk, alles tut im Namen des Herrn Jesus, und sagt Gott, dem Vater, Dank durch ihn!"
(Kolosser 3,17; ELB)

Dabei ist es eine Tragik, dass es uns nur zu oft so geht, dass wir uns beeilen, um nach getaner Arbeit etwas anderes, Besseres tun zu können, dass wir dieses vermeintlich Bessere auch wieder in der gleichen Grundstimmung verrichten. Immer herrscht das Gefühl, dass das eigentliche Leben erst nachher beginnen wird. Jede Arbeit aber ist eine Übung der Hingabe. Tue ich sie hingebungsvoll, so ist sie ein Beitrag zu meiner Gesundung. Verweigere ich die Hingabe, so wird mich die Arbeit in tiefster Seele anöden.

Reinhard Deichgräber

13. JUNI

„Herr, wie oft soll ich jemandem vergeben, der mir Unrecht tut? Sieben Mal?" – „Nein, siebzig mal sieben Mal!"
(Matthäus 18,21-22)

Viele protestieren und sagen, dass es unmöglich ist, dem Menschen zu vergeben, der einen am meisten verletzt hat. C.S. Lewis empfiehlt uns, nicht mit schweren Gewichten zu beginnen, sondern den „Muskel des Vergebens" in kleinen Schritten aufzubauen: „Wer Mathematik lernen will, beginnt nicht mit der Differenzialrechnung, sondern mit einfachen Additionen. Ebenso sollte jemand, der sich in der Tugend der Vergebung üben will, vielleicht mit etwas Leichterem beginnen als ausgerechnet mit der Gestapo."

Carol Kent/Karen Lee-Thorp

14. JUNI

Ich habe den guten Kampf gekämpft.

(2. Timotheus 4,7)

Niwanda und ich hatten ein gutes Gespräch zusammen:
- „Ich bin lange Christ und habe Gott gedient, aber wenn ich auf mein Leben zurückblicke, schäme ich mich. Ich habe gelesen, dass Paulus sagte: ‚Ich habe den guten Kampf gekämpft.' Ich habe es nicht richtig gemacht, nicht so wie Paulus."
- „Es ist wahr, dass Paulus schreibt: ‚Ich habe den guten Kampf gekämpft.' Das glauben wir ihm auch, denn wir achten ihn hoch. Aber er schreibt nicht: ‚Ich habe den Kampf richtig gekämpft.' Er meint: Ich habe auf der richtigen Seite gekämpft. Du, und ich auch, müssen das auch – wir stehen beide in einem guten Kampf, weil wir auf der richtigen Seite stehen."

Corrie ten Boom

15. JUNI

Doch Gott nahm ihm das Königtum wieder und setzte David an seine Stelle, einen Mann, von dem Gott sagte: ‚David, der Sohn Isais, ist ein Mann nach meinem Herzen. Er wird alles tun, was ich von ihm will.'

(Apostelgeschichte 13,22)

Ein Mensch nach Gottes Herzen werden, das geschieht häufig in der Stille. David wuchs völlig unbeachtet auf. Er war viel allein mit seinen Schafen unterwegs. Dort reifte er zu einer Persönlichkeit heran, die Gott lobte. Er wollte nicht groß sein, er wollte nur Gott gefallen. Das hat ihn, als er dann groß war, vor dem Schiffbruch bewahrt. Es hat ihm geholfen, mit den Siegen und Niederlagen seines Lebens fertig zu werden, und es hat ihn davor bewahrt, über all seiner Macht und seinem Reichtum seinen Gott aus den Augen zu verlieren. Wenn Sie es zulassen, formt Gott Sie zu einem Menschen nach seinem Herzen – auf seine Weise und in seiner Zeit.

Klaus-Günter Pache

16. JUNI

Wer meine Worte hört und danach handelt, ist klug. Doch wer auf mich hört und nicht danach handelt, ist ein Dummkopf.

(nach Matthäus 7,24.26)

Die Christen leben wie die Gänse auf einem Hof: An jedem siebten Tag wird eine Parade abgehalten und der redegewandteste Gänserich steht auf dem Zaun und schnattert über das Wunder der Gänse, erzählt von den Vorfahren, die einst zu fliegen wagten, und lobt die Gnade des Schöpfers, der den Gänsen Flügel und den Instinkt zum Fliegen gab. Die Gänse sind tief gerührt, loben die Predigt und den Gänserich. Aber das ist auch alles. Eines tun sie nicht – sie fliegen nicht; sie gehen zu ihrem Mittagsmahl. Sie fliegen nicht, denn das Korn ist gut und der Hof ist sicher.

Sören Kierkegaard

17. JUNI

Als Jesus kam, blickte er zu Zachäus hinauf und rief ihn beim Namen: „Zachäus!", sagte er, „komm schnell herunter! Denn ich muss heute Gast in deinem Haus sein."

(Lukas 19,5)

Rufen Sie sich ins Gedächtnis, dass der auferstandene Herr bei Ihnen ist. Sagen Sie ihm, dass Sie an seine Gegenwart glauben. Denken Sie darüber nach, was es bedeutet, dass er Sie liebt und annimmt, so wie sie sind. Nehmen Sie sich Zeit im Alltag, um seine bedingungslose Liebe zu spüren, wenn er Sie ansieht mit seinem Blick, der voller Liebe und Demut ist. Sprechen Sie mit Jesus – oder kommunizieren Sie schweigend mit ihm, im Einklang mit seiner Liebe, die keiner Worte bedarf.

Brennan Manning

18. JUNI

Und unsere Liebe kennt keine Angst, weil die vollkommene Liebe alle Angst vertreibt.
(1. Johannes 4,17-18)

Es gibt so viel Angst in uns. Angst vor Menschen, Angst vor Gott und viele unbestimmte Ängste. Wenn wir in die Gegenwart Gottes treten und spüren, wie riesig das Angstpotenzial in uns ist, dann möchten wir am liebsten weglaufen und uns in die vielen Zerstreuungen flüchten, die unsere Welt bietet. Doch wir brauchen unsere Ängste nicht zu fürchten. Wie gern zeigen wir dem Herrn nur die Seiten unseres Lebens, mit denen wir zufrieden sind. Doch je mehr wir es wagen, ihm unser ganzes banges, zitterndes Selbst zu enthüllen, desto mehr werden wir spüren können, dass seine Liebe alle unsere Ängste austreibt.

Henri Nouwen

19. JUNI

Stattdessen lasst uns in Liebe an der Wahrheit festhalten und in jeder Hinsicht Christus ähnlicher werden, der das Haupt seines Leibes – der Gemeinde – ist. Durch ihn wird der ganze Leib zu einer Einheit.

(Epheser 4,15-16)

Wenn es auch viele Teilungen innerhalb des großen Gebäudes der Kirche geben mag, so haben wir doch nur „einen Herrn". Jesus Christus ist das Haupt dieser großen allgemeinen Kirche. Von ihm muss alle Tätigkeit und Lehre ausgehen, denn er ist der Urquell alles christlichen Lebens.

Billy Graham

20. JUNI

*Ihr werdet empfangen, damit ihr umso
großzügiger geben könnt.*
(2. Korinther 9,11)

Bei einem Treffen erwähnte ich, dass ich im Sommer gern in einem Camp für Kinder arbeiten würde. Weil ich 700 Dollar verdienen müsse (und Camps nicht viel bezahlen), wäre das unmöglich. Ich erhielt einen Anruf von einem Arztehepaar, das mir von einem Camp erzählte, bei dem man 700 Dollar bekäme. Später erfuhr ich zufällig, dass es kein Lohn war, sondern eine Spende von dem Paar für mich. Ich erklärte, dass ich ihr Geschenk unmöglich annehmen könne. Der Arzt: „Das Geld gehört Gott. Ich habe genug. Du hast wenig, so kann ich dir von meinem Überfluss geben. Eines Tages wirst du dich vielleicht in meiner Lage befinden."

Elizabeth Domig

21. JUNI

Ein fröhliches Herz tut dem Leib wohl; aber ein betrübtes Gemüt lässt das Gebein verdorren.
(Sprüche 17,22; LUT)

„Spielen", das ist für viele von uns etwas Suspektes, Kindliches, ja geradezu Verantwortungsloses. Aber sollten wir nicht werden wie die Kinder? Nicht immer kalkulieren und beobachten, wie unser Verhalten aufgenommen wird. Eine Freundin und ich bereiteten eine Gartenparty vor. Während wir dabei waren, Zelte aufzustellen, fingen wir an „zu toben". Wir rannten herum und lachten ausgelassen. Dann ging ein älteres Ehepaar am Zaun vorüber, und die Frau machte ihren Mann laut darauf aufmerksam: „Schau mal, tollende Kinder!" Wir waren perplex. Doch dann explodierten wir vor Lachen.

Friederike Tegge

22. JUNI

Der Herr verabscheut die Opfer der Gottlosen, aber er freut sich über die Gebete der aufrichtigen Menschen.
(Sprüche 15,8)

Da sind die Gebetstreffen. Einer betet nach dem anderen. Zuerst solche, die gewohnt sind, in Gegenwart anderer zu beten. Wenn sie Amen sagen, sind sich alle stillschweigend einig, dass es ein gutes Gebet war. Auf dem Gebetstreffen ist ein anderer, der auch gern seine Stimme erheben möchte. Indessen ist er ungewandt. Die Worte überstürzen sich. Hinterher ist er so verzweifelt über sein Gebet und sich selbst, dass er kaum jemandem in die Augen zu sehen wagt. Ich glaube aber, dass im Himmel ein neuer Lobgesang angestimmt wurde, aus Freude darüber, einen Menschen zu hören, der wirklich zu Gott betete, weil er in seiner Hilflosigkeit keinen Rat wusste.

Ole Hallesby

23. JUNI

Es soll nicht durch Heer oder Kraft, sondern durch meinen Geist geschehen.
(Sacharja 4,6; LUT)

Einst steht fest: Als Kinder Gottes sind wir auf der Seite des Siegers! Wenn Sie vor einem Kampf in Ihrem Leben stehen, vor einer großen Herausforderung, vor Unmöglichkeiten, dann denken Sie daran: Nicht ich, sondern der Herr bewegt große Dinge. Und er braucht dazu keine Armee. Viele Situationen erscheinen ausweglos, und wir spüren: Wir sind nicht allmächtig. Aber Gott – Gott ist allmächtig!

Klaus-Günter Pache

24. JUNI

*Als sie sich jedoch Jerusalem näherten und Jesus die Stadt
vor sich liegen sah, begann er zu weinen.*
(Lukas 19,41)

Die Evangelien stellen Jesus als einen Mann dar, der hundertprozentig zu seinen Gefühlen steht und keine Hemmungen hat, sie auszudrücken. An keiner Stelle der Bibel fürchtet oder verachtet er Gefühle oder zieht sie gar ins Lächerliche. Sie waren für ihn sensible Antennen, die er zu schätzen gelernt hatte und mit denen er den Willen seines Vaters wahrnahm.

Brennan Manning

25. JUNI

*Am nächsten Morgen ging Jesus allein
an einen einsamen Ort, um zu beten.*

(Markus 1,35)

Wenn sogar Jesus diese Zeit der Stille alleine mit Gott brauchte, wie viel mehr brauche ich sie! Mein Alltag fordert auch einiges von mir und nicht selten falle ich am Abend erschöpft ins Bett. Noch schlimmer als die körperliche Müdigkeit ist die seelische und mentale Belastung, die mich oft sogar im Schlaf verfolgt. Wenn ich keinen Platz zum Auftanken habe, dann gehe ich zugrunde. Auch ich darf regelmäßig zum Vater gehen, um dort in Gemeinschaft mit ihm meine leere Seele füllen zu lassen.

Elizabeth Domig

26. JUNI

„Der Herr wird für euch streiten, und ihr werdet stille sein."
(2. Mose 14,14; LUT)

Für die willensstarken Hände der eigenen Tatkraft gibt es im Reich Gottes nichts zu tun. Das Sprichwort „Selbst ist der Mann" schlägt der Wahrheit des Glaubens ins Gesicht. Deshalb lasst uns unsere Hände in den Schoß legen, so anrüchig das auch klingt. Christen haben keine Hände mehr, auch keine Füße und was es sonst noch gibt. Christen gehören Christus, und er ist alles in allem. Nach meiner Erfahrung ist dies die wirkungsvollste Entspannung. Ich habe mein Leben nicht mit seiner Hilfe zu meistern, sondern er meistert es, wenn ich ihm vertraue und in ihm bleibe.

Peter Strauch

27. JUNI

So kehrte er zu seinem Vater nach Hause zurück. Er war noch weit entfernt, als sein Vater ihn kommen sah. Voller Liebe und Mitleid lief er seinem Sohn entgegen, schloss ihn in die Arme und küsste ihn.

(Lukas 15,20)

Ich sehe den Vater, wie er vor seinem Haus steht, mit seinen Augen den Horizont absucht und sehnsüchtig auf seinen Sohn wartet. Der Vater vermisst sein Kind. Und als es endlich wieder nach Hause kommt, ist seine Freude nicht mit Worten zu beschreiben. Er überschüttet sein Kind mit Zeichen der Liebe, der Versöhnung und der Zugehörigkeit. Jesus sagt: „Gott ist wie ein Papa, der an der Kreuzung steht und wartet. Und liebt und liebt und hofft und sich sehnt und mit offenen Armen dasteht.

Christina Brudereck

28. JUNI

Dann begann er, seinen Jüngern die Füße zu waschen.
(Johannes 13,5)

Teresa von Avila hatte eine ganz einfache, kraftvolle Art zu beten. Wer sich zum ersten Mal darauf einlässt, kann damit sehr bewegende Erfahrungen machen. Setzen Sie sich hin, entspannen Sie sich und denken Sie daran, dass Gott da ist. Und dann lassen Sie sich einfach von Jesus anblicken, liebevoll und demütig. Liebevoll, das können wir uns noch vorstellen, aber wie können wir zulassen, dass er uns demütig anschaut? Und doch ist er der Gott, der uns die Füße wäscht. Vielleicht gehört es zu unserem geistlichen Wachstum, dass wir fähig werden, ihn vor uns knien zu lassen.

John Pritchard

29. JUNI

Er verzichtete auf alles; er nahm die niedrige Stellung eines Dieners an und wurde als Mensch geboren und als solcher erkannt.

(Philipper 2,7)

Jesus ist anders als alle, anders, als es alle erwarten. Er macht damit seine Freunde unsicher, macht sich die Frommen zu Feinden, und alle Vernünftigen schütteln über ihn den Kopf. Er allein hat den Menschen nicht als ein Objekt gesehen, das man nur nach seiner „Nützlichkeit" beurteilt. Er allein fragte nicht danach, ob es sich „lohnt", irgendeinen verlorenen Menschen nicht aufzugeben, ihn nicht sich selbst zu überlassen.

Malte Haupt

30. JUNI

„Wenn ihr fastet, so tut es nicht öffentlich wie die Heuchler, die blass und nachlässig gekleidet herumgehen, damit die Leute sie für ihr Fasten bewundern."

(Matthäus 6,16)

Wenn Menschen auf die Kirche blicken und dort nur heilig tuende Hochstapler sehen, dann ziehen sie daraus den Schluss, dass auch Jesus ein Hochstapler ist. Aber wenn sie Nachfolger Jesu sehen, die echt und wirklich sind, dann sehen sie einen Jesus, der ebenfalls echt und wirklich ist. Die Kirche muss nicht künstlich Heiligkeit fabrizieren; sie muss nur Veränderung und Heiligung anstreben. Heiligung ist nicht ein Ort, an dem wir ankommen, sondern ein Weg, auf dem wir unterwegs sind.

Mike Yaconelli

1. JULI

„Ihr Ungläubigen! Wie lange muss ich noch bei euch sein, bis ihr endlich glaubt?"

(Markus 9,19)

Seltsam, wenn ich aus heutiger Sicht auf die Zeit Jesu sehe, macht mir gerade die Gewöhnlichkeit der Jünger Hoffnung. Offenbar wählt Jesus seine Nachfolger nicht wegen ihres angeborenen Talents, ihrer Fähigkeit, Vollkommenheit zu erlangen oder ihrem Potenzial zu besonderer Größe. Auf der Erde umgab er sich mit ganz normalen Menschen, die ihn nicht verstanden, denen es an geistlicher Reife fehlte, und die sich manchmal wie ungezogene Schulkinder aufführten.

Philip Yancey

2. JULI

Das Meer und alles, was darin ist, soll seinen Ruhm verkünden! Die Felder und alles, was darauf wächst, und auch die Bäume des Waldes sollen sich freuen vor dem Herrn!
(Psalm 96,11-12)

In der Bibel ist die Schöpfung immer wieder Ursache, Gott zu loben. Denn er hat sie sehr gut gemacht – wie die Schöpfungsgeschichte berichtet. Die Detailfreude, die überbordende Kreativität, die bunte Vielfalt, der Humor in der Schöpfung verherrlicht Gott. Die Schöpfung kann niemals die Gemeinde ersetzen, aber sie kann einen weiteren Zugang zu Gott öffnen, der unserer Seele gut tut und auch unserem Körper.

Christof Lenzen

3. JULI

Kann auch eine Frau ihr Kindlein vergessen, dass sie sich nicht erbarme über den Sohn ihres Leibes? Und ob sie seiner vergäße, so will ich doch deiner nicht vergessen.
(Jesaja 49,15; LUT)

Ich muss hier daran denken, wie Mütter Kleinkinder lieben, die ihnen doch so wenig zurückgeben. Jedes Niesen, jedes Drehen des Kopfes, jede Augenbewegung, jedes Lächeln und jeden Laut studiert die Mutter, als müsse sie morgen eine Prüfung über kindliches Verhalten ablegen. Wenn schon eine menschliche Mutter eine solche Liebe hat, wie viel mehr hat dann Gott!

Philip Yancey

4. JULI

Vergesst dabei nicht, Gott zu danken.
(Kolosser 4,2; HFA)

Wenn wir uns zum Essen an den Tisch setzen, sollten wir das Essen nicht als selbstverständlich hinnehmen, sondern jedes Mal an Gott denken, der es uns schenkt. Es ist hilfreich, auch jedes Mal, wenn wir unser Haus betreten, Gott dafür zu danken, dass wir ein Dach über dem Kopf haben. Wir sollten jedes Mal dankbar sein, wenn wir am Thermostat drehen und die behagliche Wärme der Heizung spüren. Wir nehmen die meisten dieser Dinge als selbstverständlich hin, aber die Disziplin der Dankbarkeit schärft unseren Blick für Gottes Güte. Wir müssen gegen die starke Versuchung, unseren Segen nur zu tolerieren, ankämpfen.

Gary L. Thomas

5. JULI

Begeistert freut er sich an dir. Vor Liebe ist er sprachlos ergriffen und jauchzt doch mit lauten Jubelrufen über dich.

(Zefanja 3,17)

Kannst du dir vorstellen, dass Gott vor Freude schreit und jubelt? In der Bibel wird er so beschrieben: Mit der Vorstellung von einem feiernden und jubelnden Gott konnte ich lange nichts anfangen. Ich dachte immer, Gott ist würdig, mit einem ganz unbewegten Gesicht, und ihn bringt nichts aus der Ruhe. Ich dachte, Gott zeigt keine Leidenschaft und keine Gefühle, nichts kann ihn überraschen. Aber wenn du die Bibel liest, begegnet dir ein ganz anderer Gott.

Gottfried Müller

6. JULI

„Man muss Gott mehr gehorchen als den Menschen."
(Apostelgeschichte 5,29)

Herr, ich habe es satt, den Hals zu verdrehen und jedem Trugbild nachzugaffen. Ich gönne meinem Nacken Ruhe. Denn mein Nacken ist müde, müde vom ewigen Drehen und Wenden. – Mache mich, Herr, zu einem Menschen, der geradeaus geht, der nur auf deinen Weg schaut, auf den Weg, den du zeigst.

aus Kenia

7. JULI

„Ich nehme nicht Ehre von Menschen."

(Johannes 5,41; ELB)

„Meine Ehre empfange ich nicht von Menschen", sagt Jesus. Darauf ist er nicht angewiesen, weil er weiß, wer er ist: Gottes Sohn. Natürlich, das „Hosanna" ist erfreulich zu hören und das „Tötet ihn" abscheulich. Aber das eine bringt ihm nicht mehr für seine Identität, und das andere nimmt sie ihm nicht. Das eine schafft nicht sein Selbstvertrauen, und das andere bricht ihn nicht. Jesus ruht in dem, was er vor Gott ist. Das und nichts anderes macht ihn unerschütterlich.

Noor van Haaften

8. JULI

„Liebt einander."
(Johannes 13,34)

Wenn du einem Menschen begegnest, sei es auf der Straße, im Büro, in der Kantine oder in der Straßenbahn, weshalb liebst du ihn nicht? Wir sollten ihn sicher nicht gleich umarmen, aber wir könnten für ihn beten und ihn im Namen Jesu Christi segnen. Nach meiner Erfahrung werden dadurch auch unsere Worte und unser Verhalten zu dem Menschen geprägt.

Peter Strauch

9. JULI

Auch wir sind schwach in ihm, aber wir leben mit ihm und haben Gottes Kraft, die sich euch gegenüber zeigt.
(2. Korinther 13,4)

In Schwachheit werden wir abhängig, was meistens nicht als gut erlebt wird. Paulus hat aber in seiner Schwachheit entdeckt, wie abhängig er von der Gnade Gottes ist und davon, was die Kraft Gottes in ihm bewirkt. Und er kennt die Gefahr, aufgrund großer geistlicher Erlebnisse überheblich zu werden. Vor Gott können wir uns nicht schmücken mit Glaubenswerken, Frömmigkeitsübungen oder geistlichen Erlebnissen. Aber seine Gnade gilt. Und sie genügt auch! So wollen wir daran festhalten – auch wenn wir uns prächtig fühlen.

Marit Studer

10. JULI

Hilf mir, aufrichtig und ehrlich zu leben, weil ich meine Hoffnung auf dich setze.

(Psalm 25,21)

Unterdrückte Gefühle können nicht geheilt werden. So führt zum Beispiel unterdrückter Ärger zu Verbitterung, unterdrückte Verbitterung zu Schuldgefühlen und Selbstgeißelung; und Schuldgefühle können zu Depressionen führen. Ein Leben der Integrität setzt voraus, dass wir unsere Gefühle ernst nehmen, zu ihnen stehen und uns nicht scheuen, sie auch auszudrücken.

Brennan Manning

11. JULI

Liebe ist stark wie der Tod und Leidenschaft unwiderstehlich wie das Totenreich.

(Hoheslied 8,6b; LUT)

Gott ist ein leidenschaftlicher Gott. Ich liebe das Wort eines jüdischen Lehrers: „Gott ist nicht nett. Gott ist kein Onkel. Gott ist ein Erdbeben." Ja, so ist es! Kennen wir unseren Gott so oder haben wir ihn „fromm gemacht", ein bisschen handlich, ein bisschen nett, völlig harmlos? Das Alte Testament ist die Liebesgeschichte eines leidenschaftlichen Gottes. Und dieser Gott ist es, der sich immer noch der Not, dem Tod, der Lauheit dieser Welt entgegenstellt.

Astrid Eichler

12. JULI

Aus Gnade seid ihr errettet …
(Epheser 2,8; ELB)

Die Gnade ruft aus: Du bist nicht nur ein desillusionierter alter Mann, der vielleicht bald stirbt, eine Frau mittleren Alters, die in einem Job festsitzt und sich verzweifelt heraussehnt. Du magst unsicher, unzulänglich, missverstanden und ein Dickwanst sein. Tod, Panik, Depression und Enttäuschung mögen dir zu Leibe rücken. Aber du bist nicht nur das. Du bist angenommen. Verwechsle nie deine Selbstwahrnehmung mit dem Geheimnis, dass du wirklich angenommen bist.

Brennan Manning

13. JULI

Der Herr wird die Jahre erstatten, deren Ertrag die Heuschrecken, Käfer, Geschmeiß und Raupen gefressen haben.
(Joel 2,25; LUT)

Gottes Hand ist zu erkennen, wie er dabei ist, aus uns zu formen, was er für uns in seinem Herzen trägt. Maria erzählt, wie Perlen entstehen: Da dringt in eine Muschel etwas ein, was zerstören kann. Aber wenn sie anfängt, mit eben diesem zerstörerischen Eindringling zu arbeiten, wenn sie ihn einhüllt, ihn umgibt mit sich selbst, dann vergehen Zeit und Zeiten, und es wird eine Perle draus. Etwas überaus Schönes, Kostbares, Begehrtes wird aus dem, was hätte zerstören und vernichten können. Plötzlich sehe ich vieles der vergangenen Jahre in einem ganz anderen Licht.

Astrid Eichler

14. JULI

Selbst der Satan gibt sich als Engel des Lichts aus.
(2. Korinther 11,14)

Der Böse ist ein großer Illusionist. Er verschleiert die Wahrheit und ermutigt zur Unehrlichkeit. Der Satan veranlasst uns, Dingen Wichtigkeit beizumessen, die nicht wichtig sind. Er verkleidet Nebensächlichkeiten mit Glimmer und lockt uns weg von dem, was real ist. Er bringt uns dazu, in einer Welt der Täuschungen, der Irrealität und der Schatten zu leben.

Brennan Manning

15. JULI

„Wer an mich glaubt, aus dessen Innerem werden Ströme lebendigen Wassers fließen."

(Johannes 7,38)

Betrachte die Lilien auf dem Felde, wie sie wachsen; sie *sind* einfach. Denke an das Meer, die Sonne, die Sterne – sie *sind* alle; und welchen Dienst versehen sie! So oft vereiteln wir den Einfluss, den Gott durch uns ausüben will, indem wir uns bewusst anstrengen, von Nutzen zu sein. Jesus sagt, dass es nur einen Weg gibt, auf dem wir uns geistlich entwickeln können: durch die Konzentration auf Gott. Richte deine Aufmerksamkeit auf die Quelle, dann „werden Ströme lebendigen Wassers von deinem Leibe fließen".

Oswald Chambers

16. JULI

Du hast mich gesehen, bevor ich geboren war.
(Psalm 139,16)

Ein Pfarrer von den Bahamas erzählte eine Geschichte, die den Kern biblischen Vertrauens sehr schön beschreibt: „Ein zweistöckiges Haus war in Brand geraten. Die Familie – Vater, Mutter und mehrere Kinder – waren auf dem Weg ins Freie, als der kleinste Junge erschrak, sich von seiner Mutter losriss und wieder nach oben rannte. Plötzlich tauchte er in einem der qualmenden Fenster auf und schrie wie verrückt. Sein Vater rief ihm von draußen zu: ‚Spring, mein Sohn, spring, ich fange dich!' Der Junge rief: ‚Aber ich kann dich nicht sehen, Papa.' ‚Ich weiß', rief der Vater zurück, ‚aber ich kann dich sehen.'"

Brennan Manning

17. JULI

*Und Petrus stieg aus dem Boot und ging über das Wasser,
Jesus entgegen.*
(Matthäus 14,29)

Entscheidend ist nicht, dass wir sagen: „Jesus ist der Herr", sondern dass wir dementsprechend handeln. Aber dazu gehört eben, dass ich mich auf das Wasser des Glaubens wage. Ich vermute, dass es Gemeinden gibt, die auch dann unverändert weiterexistieren würden, wenn Jesus nicht lebte. Weshalb? Weil sie zwar mit einer frommen Begrifflichkeit arbeiten, aber in ihrer Handlungsweise nach allgemein menschlichen Gesichtspunkten vorgehen. Auf diese Weise wird „christliche" Gemeinde zu einem Verein, in dem sich Menschen mit gleichen Interessen zusammenfinden.

Peter Strauch

18. JULI

Nicht lange danach stieg Jesus auf einen Berg, um zu beten.
(Lukas 6,12)

Jesus verbrachte viel Zeit mit Nichtstun – und tat dabei eine ganze Menge. Dieser Punkt ist sehr wichtig. Was Jesus tat, war immer die Folge dessen, wie er war. Sein Tun stand in direktem Zusammenhang mit seinem Sein. Ständig floh er vor den Menschenmengen, um mit seinem Vater zusammen zu sein. Jesus wusste, dass Stille wichtiger ist als Aktivität.

Mike Yaconelli

19. JULI

Siehe, der Löwe aus dem Stamm Juda, der Erbe aus der Wurzel Davids, hat gesiegt.

(Offenbarung 5,5)

Zwei Begriffe sind mit dem Jesus in den Evangelien unvereinbar: langweilig und vorhersagbar. Wie kommt es dann, dass die Kirche seine Persönlichkeit derartig beschnitten oder, wie Dorothy L. Sayers es formulierte, „dem Löwen von Juda die Krallen wirksam gestutzt und ihn dann als geeignetes Haustier für blasse Vikare und fromme, alte Damen empfohlen" hat?

Philip Yancey

20. JULI

*»Ich will vor dir hergehen und einebnen,
was sich dir in den Weg stellt.*

(Jesaja 45,2)

Gottes Führung zu folgen, kann eine aufregende Erfahrung sein. Wollen Sie Ihr Leben voll ausschöpfen? Dann machen Sie sich auf den Weg! Springen Sie mit beiden Beinen in das Meer des Glaubens. Springen Sie ins Tiefe. Bitten Sie den Heiligen Geist, dass er in Ihrem Leben zum Zug kommt. Dann – wenn das Wasser steigt und den Höhepunkt erreicht – springen Sie auf die Welle auf und paddeln Sie aus Leibeskräften.

Pam Vredevelt

21. JULI

*Du bist vor mir und hinter mir und legst
deine schützende Hand auf mich.*

(Psalm 139,5)

Schon immer hat man das Gebet als das Atemholen der Seele bezeichnet. Ein ausgezeichnetes Bild! Die Luft, die unser Körper braucht, umgibt uns von allen Seiten und sucht in uns einzudringen. Es ist bekanntlich schwerer, die Luft anzuhalten, als zu atmen. Denn wir brauchen nur unsere Atemorgane offen zu halten, dann geht die Luft in unsere Lunge und tut ihren Leben spendenden Dienst für den ganzen Körper. Die Luft, die unsere Seele braucht, umgibt uns alle jederzeit und von allen Seiten. Gott umgibt uns in Christus von allen Seiten mit seiner mannigfaltigen und vollkommen ausreichenden Gnade. Wir brauchen nur unsere Seele zu öffnen.

Ole Hallesby

22. JULI

Nun gibt es nicht mehr Juden oder Nichtjuden, Sklaven oder Freie, Männer oder Frauen. Denn ihr seid alle gleich – ihr seid eins in Jesus Christus.

(Galater 3,28)

Wer Jesus als Verfechter der Tradition darstellt, verdreht biblische Wahrheiten. Jesus wollte alles andere als den Status quo beibehalten. Mit einer scheinbar zusammengewürfelten Truppe fachte Jesus eine Revolution an und erwartet, dass sie alle Enden der Welt erreichen wird. Sie dürfen nicht vergessen: Jesus schickt nur eine Handvoll Leute mit dem Auftrag los, in allen Nationen Menschen zu Jüngern zu machen. Diese Revolution würde alle menschlichen Grenzen überschreiten: Kulturen, Rassen, Nationen, Gesellschaftsschichten und mehr.

Erwin Raphael McManus

23. JULI

Gott dagegen beweist uns seine große Liebe dadurch, dass er Christus sandte, damit dieser für uns sterben sollte, als wir noch Sünder waren.

(Römer 5,8)

Es gibt so viele Stellen in meinem Wesen, die ich nicht leiden kann und deshalb ablehne oder verdränge. Aber je mehr ich diese Seiten ablehne, desto mehr negative Wirkung bekommen sie und desto mehr Raum fordern sie in meinem Leben. Und dann ist da wieder die Stimme von Jesus, die sagt: „Ich liebe dich so, wie du bist! Ich stelle keine Bedingungen. Ich höre nicht auf, dich zu lieben, auch dann nicht, wenn du Fehler machst. Denk daran, ich bin für dich gestorben, als du Sünderin warst."

Antje Balters

24. JULI

Aber am größten ist die Liebe.
(1. Korinther 13,13)

Die Welt sehnt sich nach Beweisen, dass der unmögliche Traum möglich werden kann, dass es echte Liebe gibt, dass diese Liebe einen Namen hat und dass sie der einzige Weg zum Glück in dieser Welt ist und zur ewigen Glückseligkeit in der kommenden Welt. Wenn Sie einen Traum haben, ist es nur ein Traum, wenn ich einen Traum habe, bleibt es eben nur ein Traum. Doch wenn wir alle denselben Traum haben – selbst wenn er unrealistisch scheint –, dann wird er eines Tages wahr werden.

Brennan Manning

25. JULI

Was ist nun also der Glaube? Er ist das Vertrauen darauf, dass das, was wir hoffen, sich erfüllen wird, und die Überzeugung, dass das, was man nicht sieht, existiert.

(Hebräer 11,1)

Ich gebe es nicht gerne zu, aber es gab Zeiten in meinem Leben, wo ich versucht war, das Handtuch zu werfen. Den Glauben zu bewahren schien zu schwierig, und an der Hoffnung festzuhalten fast unmöglich. Aber Gott in seiner Barmherzigkeit kannte meine Schwachheit. Er brach schließlich immer sein Schweigen und gab mir, was ich brauchte, um am Glauben festhalten zu können. Manchmal kam die Antwort durch ein Wort der Heiligen Schrift. Manchmal kam sie durch die liebevolle Tat einer Freundin. Andere Male kam sie, wenn Gott mich durch eine Reihe von Ereignissen zu einem Paradigmenwechsel, zu einer Änderung meiner Sichtweise, führte.

Pam Vredevelt

26. JULI

*Denn er befiehlt seinen Engeln, dich zu beschützen,
wo immer du gehst.*

(Psalm 91,11)

Die Gegenwart Gottes wird nicht nur im Geist deutlich, sondern auch in der Materie. Gott will, dass wir in der Welt um uns her seine liebevolle Anwesenheit bemerken. Keltische Chroniken berichten von Seefahrermönchen auf dem Atlantik, die die Engel Gottes über den Inseln aufsteigen und niedergehen sahen und ihre Lieder hörten. Für den wissenschaftlich ausgerichteten Menschen von heute wären es nur Möwen. Aber die Mönche lebten in einer Welt, in der alles ein an sie persönlich gerichtetes Wort Gottes war, und in der die Liebe Gottes für jeden erkennbar wurde. Für die Augen des Glaubens verdeutlicht jedes geschaffene Ding die Gnade und Vorsehung des Vaters.

Brennan Manning

27. JULI

„Wer sich aber meiner und meiner Worte schämt unter diesem abtrünnigen und sündigen Geschlecht, dessen wird sich auch der Menschensohn schämen, wenn er kommen wird in der Herrlichkeit seines Vaters mit den heiligen Engeln."
(Markus 8,38, LUT)

Dass Jesus uns sagt, wir sollten uns seiner nicht schämen, das zeigt wohl, dass er wusste, wie leicht uns das passiert. Dass er dabei von dem „abtrünnigen und sündigen Geschlecht" spricht, lässt durchblicken, dass er den Druck einer nichtchristlichen Umgebung nicht unterschätzte. Er sah wohl voraus, dass seine Gemeinde eine Minderheit in der Welt sein würde. Es braucht immer besonderen Mut, sich zu einer kleinen Schar zu halten und gegen den Strom zu schwimmen, besonders wenn man sich seine Weggenossen dabei nicht aussuchen kann.

John Stott

28. JULI

Ich aber werde den Geist, den mein Vater versprochen hat, zu euch herabsenden. Wartet hier in der Stadt, bis das eintritt und ihr mit der Kraft von oben gestärkt werdet.
(Lukas 24,49; GNB)

Gott weiß genau, dass wir Menschen mit unseren eigenen Mitteln keine geistlichen Bäume ausreißen können. Wir können vielleicht gute und richtige Dinge tun, aber spätestens wenn es Schwierigkeiten gibt, wird sich zeigen, was uns antreibt und durchhalten lässt. Dann erweist sich, ob wir eine Quelle anzapfen können, die uns stärkt und neue Energie gibt. Wenn wir etwas bewirken wollen, sind wir auf Gottes Wirkstoff angewiesen, den Heiligen Geist!

Dorothee Dziewas

29. JULI

Wenn dagegen der Heilige Geist unser Leben beherrscht, wird er ganz andere Frucht in uns wachsen lassen: Liebe, Freude, Frieden, Geduld, Freundlichkeit, Güte, Treue ...
(Galater 5,22-23)

Liebe heißt Menschen lieben, nicht Systeme, Strukturen. Nicht die abstrakte Menschheit, sondern den konkreten Menschen gleich neben dir und den Menschen, der auf dem Fernsehschirm in dein Wohnzimmer kommt, weil er von Katastrophen heimgesucht wird. Liebe setzt Dinge voraus, die nicht mehr in Mode sind: einfach leben, verzichten können, Güte und Treue. Liebe geht viel tiefer als das Teilen von Wohlstand. In der Wirtschaft der Liebe muss man mehr geben, als man besitzt. Man muss sich selbst geben.

Phil Bosmans

30. JULI

„Liebst du mich?"
(Johannes 21,16)

Keine Gottheit irgendeiner Religion hat sich je so weit herabgelassen, uns zu fragen, was wir für sie empfinden. Die heidnischen Götter schleudern Blitze und Donner, um ihren Dienern zu zeigen, wer das Sagen hat. Der Rabbi aber, in dem die ganze Unendlichkeit wohnt, fragt, ob uns an ihm liegt. Der Jesus, der einen blutigen, gottverlassenen Tod starb, damit wir leben, fragt uns, ob wir ihn lieben!

Brennan Manning

31. JULI

Als Jesus die Straße entlangging, sah er Matthäus in seiner Zollstation sitzen. „Komm mit und folge mir nach", sagte er zu ihm. Und Matthäus stand auf und folgte ihm nach.
(Matthäus 9,9)

Gott sucht besonders in schwierigen Zeiten Menschen, die sich berufen lassen. Auch heute besteht Gottes Gemeinde aus Menschen, die Gott für die Mitarbeit gewinnen will und die er begaben möchte. Sie sind solch ein Mensch, mit Ihrer Geschichte und Ihrer Berufung. Vielleicht sind Sie noch gar nicht lange Christ, kommen aus keiner bedeutenden Familie, können keinen besonderen Verdienst nachweisen, aber Gott beruft Sie und damit ändert sich alles. Für Sie und für Ihre Nachkommen!

Klaus-Günter Pache

1. AUGUST

Schließlich näherte sich ein Samaritaner. Als er den Mann sah, empfand er tiefes Mitleid mit ihm. Er kniete sich neben ihn, behandelte seine Wunden und verband sie.

(nach Lukas 10,33-34)

Jesus ging nie derart an den Menschen vorüber. Nie war er blind für ihre Not, nie war er bloß Zuschauer. Was er sah, traf ihn ins Herz, und wen er ansah, der ging ihm nahe. Er war anders als alle. Und in ihm erkennen wir, in ihm allein, wie Gott wirklich ist. Wie der barmherzige Samariter – das ist Jesus, das ist unser Gott.

Malte Haupt

2. AUGUST

„Siehe, ich stehe vor der Tür und klopfe an."
(Offenbarung 3,20)

Beten bedeutet, Jesus in die Seele hineinzulassen. Er klopft an und will hinein. Nicht nur in den feierlichen Stunden, wenn du für dich allein oder beim gemeinsamen Gebet in der Versammlung die Hände faltest. Nein, er klopft an und will zu dir hinein mitten in deine Arbeit und Mühe. Da hast du es am nötigsten. Da will er bei dir sein.

Ole Hallesby

3. AUGUST

Jubelt dem Herrn zu, ihr Bewohner der Erde! Er hat uns erschaffen und wir gehören ihm.
(Psalm 100,1.3)

Nie werde ich vergessen, wie ich während meines Grundstudiums am St.-Francis-Seminar die Seven Essays on Metaphysics von J. Maritain las. In einem jener Essays erzählt Maritain von dem Tag, an dem er sich selbst fand – als er, ein weltbekannter 77-jähriger Philosoph, über eine Hügelkuppe hüpfte und dem Himmel entgegenjubelte: „Ich lebe; ich lebe!" Er war plötzlich und überraschend zutiefst begeistert über das Geschenk des Lebens. Er freute sich darüber, zu existieren, das Vorrecht zu genießen, zu sein, statt nicht zu sein – Maritain fiel auf die Knie und flüsterte Worte voller Lob und Dank.

Brennan Manning

4. AUGUST

„Wenn ihr für ihn lebt und das Reich Gottes zu eurem wichtigsten Anliegen macht, wird er euch jeden Tag geben, was ihr braucht."

(Matthäus 6,33)

Alle Generationen unterstehen Jesus. Wenn unsere Vorfahren einen Dom bauen wollten, pflanzten sie einen Eichenwald. Sie wussten nämlich, dass das Holz dieser Bäume in 100 Jahren gebraucht werden würde, wenn der Dachstuhl der Kathedrale gebaut werden musste. Ein Denken in vielen Generationen. Es geht gar nicht um mich allein oder meine Gemeinde. Nicht einmal die Christen meiner Generation in aller Welt umfassen das Reich Gottes. Dass das Reich Gottes sich ausbreitet, bedeutet auch: Was ich selbst und meine Generation nicht schaffen, werden andere nach mir zu Ende führen.

Gerti Strauch

5. AUGUST

„Herr, wohin sollen wir gehen? Du hast Worte des ewigen Lebens; und wir haben geglaubt und erkannt: Du bist der Heilige Gottes."

(Johannes 6,68-69; LUT)

Vor einiger Zeit betete ich inständig um die Heilung eines lieben Menschen, aber Gott ließ ihn sterben. Das tat sehr weh. Ich war enttäuscht und wütend. Es dauerte Monate, bis ich Gott verzieh, dass er mein Gebet nicht erhört hatte. Auch wenn ich ihm in der Zeit nur mit Wut und Enttäuschung begegnete, kam er mir doch mit Liebe und Geduld entgegen. Das hat mir sehr geholfen und mich weich gemacht.

Rebecca Kletsch

6. AUGUST

Freut euch mit den sich Freuenden, weint mit den Weinenden.
(Römer 12,15, ELB)

Sich am Glück eines anderen Menschen zu freuen, ist mitunter genauso schwer wie aufrichtige Anteilnahme bei Leid und Trauer. Gott, gib mir bitte Achtsamkeit, wo eine fiese kleine Prise Missgunst mir und anderen die Freude versalzt. Lehre mich, anderen ihr Glück nicht nur zu gönnen, sondern mich mit ihnen zu freuen … und das auch mal so, dass sie es hören.

Christine Schlagner

7. AUGUST

Oder wisst ihr nicht, dass euer Leib ein Tempel des Heiligen Geistes in euch ist …? Ihr gehört nicht euch selbst, denn Gott hat einen hohen Preis für euch bezahlt. Deshalb ehrt Gott mit eurem Leib!

(1. Korinther 6,19-20)

Hier setzt mein schlechtes Gewissen ein, betrachte ich doch meinen Körper oft als Nebensache, die einfach vorhanden ist und mir zur Verfügung steht. Erst wenn mein Leib sich meldet und laut nach Hilfe schreit, werde ich wach und beginne, mich um ihn zu kümmern. Heute will ich es mit Theresa von Avila halten und Gott mit meinem Körper ehren: „Tu deinem Leib etwas Gutes, damit deine Seele Lust hat, darin zu wohnen."

Antje Rein

8. AUGUST

Mich wundert, dass ihr euch so bald abwenden lasst von dem, der euch berufen hat in die Gnade Christi, zu einem andern Evangelium.

(Galater 1,6; LUT)

Wie das Chamäleon je nach den Lichtverhältnissen die Farben wechselt, so stellt sich der Christ, der will, dass alle gut von ihm denken, auf jede neue Situation und Person ein. Ohne ein stabiles Selbstbild kann eine Frau verschiedenen Männern ein völlig unterschiedliches Bild von sich vermitteln: Ihrem Seelsorger gegenüber kann sie fromm sein, ihrem Chef gegenüber verführerisch. Ein ausgeformter Charakter ist bei Christen auffällig häufig nicht zu erkennen. Stattdessen versuchen sie, mit einer großen Brandbreite von Identitäten zu experimentieren.

Brennan Manning

9. AUGUST

Da Gott euch erwählt hat, zu seinen Heiligen und Geliebten zu gehören, seid voll Mitleid und Erbarmen, Freundlichkeit, Demut, Sanftheit und Geduld.

(Kolosser 3,12)

Sanftheit uns selbst gegenüber bildet den Kern unserer Sanftheit mit anderen. Wenn wir das Mitleiden Christi verinnerlicht haben, dann geschieht ein Durchbruch zu einer mitfühlenden, Anteil nehmenden Haltung anderen gegenüber. Diese Sanftheit bringt uns selbst und anderen Heilung.

Brennan Manning

10. AUGUST

„Kämpfe den guten Kampf des Glaubens; ergreife das ewige Leben, wozu du berufen bist und bekannt hast das gute Bekenntnis vor vielen Zeugen."

(1. Timotheus 6,12; LUT)

Wenn wir Söhne und Töchter des großen Gottes sind, dann sind wir berufen zum Kampf. Und dieser Kampf ist eine tägliche Herausforderung. Die Liebe zu unserem Herrn ist immer auch die Liebe zu seinem Wort. Ihm aufs Wort glauben, bedeutet, jeden Tag Entscheidungen zu treffen, die uns schwerfallen. Der Kampf findet oft im Verborgenen statt, spätabends vor dem Computer. Er findet am Tage statt, wenn unsere Liebe zu Jesus in unserem Verhalten anderen Menschen gegenüber geprüft wird. Er findet zu Hause und in der Gemeinde statt.

Klaus-Günter Pache

11. AUGUST

Auf einen Freund kann man sich immer verlassen, und ein Bruder ist dazu da, dass man einen Helfer in der Not hat.
(Sprüche 17,17)

Frauen fallen niemandem gerne zur Last. Wir sind meistens eifrig darum bemüht, die Bedürfnisse anderer Menschen zu befriedigen. Andererseits hat Gott uns so geschaffen, dass wir einander brauchen – positive Beziehungen bringen unser Leben ins Gleichgewicht und wirken sich auch positiv auf unseren Körper, unsere Seele und unseren Geist aus. Wie kommen wir aus diesem Zwiespalt heraus? Der Schlüssel, der uns hilft, liegt darin, dass wir lernen, Beziehungen zu knüpfen und zu pflegen.

Carol Kent/Karen Lee-Thorp

12. AUGUST

Als aber erschien die Freundlichkeit und Menschenliebe Gottes, unseres Heilands, machte er uns selig – nicht um der Werke der Gerechtigkeit willen, die wir getan hatten, sondern nach seiner Barmherzigkeit – durch das Bad der Wiedergeburt und Erneuerung im Heiligen Geist.

(Titus 3,4-5; LUT)

Eine verheiratete Frau mit zwei kleinen Kindern erzählt mir kürzlich, sie sei ganz sicher, dass Gott von ihr enttäuscht sei, weil sie „nichts für ihn tue". Sie habe den Eindruck, dass sie für den Dienst in einer Suppenküche für Arme berufen sei, aber sie bringe es nicht fertig, ihre Kinder deshalb in die Obhut anderer Leute zu geben. Sie war völlig schockiert, als ich ihr sagte, dass diese Berufung nicht von Gott komme, sondern aus ihrer eigenen Gesetzlichkeit. Es reicht ihr nicht, eine gute Mutter zu sein. Deshalb könne es Gott nach ihrer Vorstellung auch nicht genügen.

Brennan Manning

13. AUGUST

Durch Christus sind wir frei geworden, damit wir als Befreite leben. Jetzt kommt es darauf an, dass ihr euch nicht wieder vom Gesetz versklaven lasst.

(Galater 5,1; HFA)

Ich fühle mich aber nicht frei. Jesus, erbarme dich! Hilf mir da raus! Die Bilder, wie ich meine, sein zu müssen, und was ich meine, tun zu müssen, halten mich fest, stellen Forderungen: Nur wenn du so bist oder das erfüllst, bist du in Ordnung. Jesus, du hast mich doch gerechtfertigt, richtig gemacht! Nur dir brauche ich zu gefallen. Von dir bin ich geliebt, auch wenn ich irgendwelche Anforderungen nicht erfülle. Daran will ich festhalten und darauf mein Selbstwertgefühl setzen.

Elisabeth Runge

14. AUGUST

Da kamen vier Männer, die einen Gelähmten auf einer Matte trugen. Als Jesus ihren Glauben sah, sagte er zu dem Gelähmten: „Sünden sind dir vergeben."

(nach Markus 2,3.5)

Ruhig standen diese Freunde da und warteten auf das Wort von Jesus, das ihren kranken Freund gesund machen sollte. Aber merkwürdigerweise kam dieses Wort nicht, sondern sie hörten: „Deine Sünden sind dir vergeben!" Es war also eine andere Bitte, die Jesus stärker ansprach. Und doch hatte der Mann nicht ein einziges Wort gesagt. Aber Jesus hörte dieses Gebet ohne Worte, das aus dem Herzen dieses Mannes um Vergebung schrie. Das Gebet geht tiefer als unsere Worte. Es lebt in der Seele, bevor wir es in Worte kleiden können.

Ole Hallesby

15. AUGUST

„Ich bin die Dienerin des Herrn und beuge mich seinem Willen. Möge alles, was du gesagt hast, wahr werden und mir geschehen."

(Lukas 1,38)

Leid bringt uns nichts Positives, es sei denn, wir entscheiden uns für Standhaftigkeit, Bewährung und Hoffnung. Wie das aussehen kann, dafür ist Maria, ein schwangerer Teenager, ein Beispiel. Ein Engel hatte ihr mitgeteilt, dass ihr Baby der Retter ihres Volkes sein würde. Sie hatte diese Berufung von Gott angenommen, auch wenn dies das Ende der Verlobung mit Josef bedeuten konnte und sie zum Schandfleck ihres Dorfes werden würde.

Carol Kent/Karen Lee-Thorp

16. AUGUST

Du sollst den Besitz deines Nächsten nicht begehren.
(2. Mose 20,17; LUT)

Jemand sagte mal: „Wenn Sie unnötig leiden wollen, dann fangen Sie an, sich mit anderen zu vergleichen!" So beginnt der Neid. Wo Neid ist, da kann keine Beziehung wachsen. Da wird jede Gemeinschaft zerstört. Neid schafft Distanz. Neid weckt Misstrauen, Hass, Missgunst. Ich möchte drei Schritte vorschlagen, die aus dem Neid in die Freiheit führen.
Schritt 1: Stellen Sie sich der Wahrheit, dass Sie neidisch sind!
Schritt 2: Sehen Sie Ihr Leben aus der Perspektive Gottes!
Schritt 3: Üben Sie Dankbarkeit ein!
So werden wir erleben, dass Freiheit von Neid wirklich möglich ist!

Steffen Tiemann

17. AUGUST

„Nicht alle Menschen, die sich fromm gebärden,
glauben an Gott."
(Matthäus 7,21)

Einem Mönch wurde nachgesagt, er sei ein „Engel der Straße", aber ein „Teufel in den eigenen vier Wänden". Er war vorbildlich in seinem Dienst, doch innerhalb der Klostermauern war er ein Tyrann. Jemand kann sich in der Öffentlichkeit zum Schutz des Lebens bekennen und sich dennoch im Privatleben gegen das Leben entscheiden. Wie ich täglich meinem Bruder begegne, wie ich auf Unterbrechungen von unliebsamen Menschen reagiere oder mit normalen Menschen an einem normalen Tag umgehe – all das kann meinen Respekt oder meine Respektlosigkeit Gott gegenüber deutlicher machen als der Anti-Abtreibungs-Aufkleber an meinem Auto.

Brennan Manning

18. AUGUST

Er ist sanftmütig und reitet auf einem Esel. Viele Menschen breiteten ihre Mäntel vor Jesus auf der Straße aus. Andere schnitten Zweige von den Bäumen und bestreuten den Weg damit. Er befand sich in der Mitte des Zuges, und die Menge um ihn herum jubelte.

(nach Matthäus ,5.8-9)

Ein Jesus-Marsch durch die Innenstadt Berlins mit Liedern, Plakaten … Peinlich? Wie auf dem Fußballplatz? Und dann dieser Esel … Ich hab's ausprobiert: Da ist wirklich nichts Würdiges dabei. Komisch, bei vielen Begebenheiten mit Jesus scheinen Worte wie „dezent, ordentlich, würdevoll" nicht zu passen. Jesus ist anders – ob es uns passt oder nicht, peinlich ist oder nicht. Er will uns befreien aus unserem geordneten Trott.

Margit Pflüger

19. AUGUST

Die Weisung des Herrn ist vollkommen, sie erquickt den Menschen. Die Befehle des Herrn sind richtig, sie erfreuen das Herz.

(Psalm 19,8-9; eigene Übersetzung)

Woran denkst du, wenn du Worte wie Gesetz, Befehle und Gebote hörst? Ich muss zugeben, dass ich normalerweise an strenge Regeln denke. Oder an Verbotsschilder wie „Betreten des Rasens verboten". Aber Gottes Gebote sind anders: Sie erquicken die Menschen. Gott gibt seine Gesetze, damit das Leben gelingt. In unserer Beratungspraxis sehen wir tagtäglich die Folgen der Missachtung von Gottes Weisungen. Ein Mann führt jahrelang ein Doppelleben. Die Ehe geht in die Brüche. Eine ganze Familie wird zerstört. Oh, dass wir Menschen auf Gottes Weisungen hören würden!

Elizabeth Domig

20. AUGUST

Er ist Gott, der über alles regiert, ihn loben wir in alle Ewigkeit! Amen.

(Römer 9,5)

Ein tief gegründeter Glaube schenkt mir die Überzeugung, dass Gott regiert, trotz des augenscheinlichen Chaos; dass ich dem Gott der Liebe nicht egal bin, gleichgültig, wie niedergeschlagen ich mich auch fühle; dass das Böse am Ende nicht triumphieren wird. Der Glaube betrachtet sogar das finsterste Ereignis der ganzen Geschichte, den Tod von Gottes Sohn, als notwendiges Vorspiel zum hellsten Ereignis. Der Glaube erlaubt mir, selbst auf diesem Planeten, der von einer dunklen Macht regiert wird, dem „Gott dieser Welt", unter der Herrschaft Gottes zu leben.

Philip Yancey

21. AUGUST

Wenn aber jemand dieser Welt Güter hat und sieht seinen Bruder darben und schließt sein Herz vor ihm zu, wie bleibt dann die Liebe Gottes in ihm? Meine Kinder, lasst uns nicht lieben mit Worten noch mit der Zunge, sondern mit der Tat und mit der Wahrheit.

(1. Johannes 3,17–18; LUT)

Biblisch gesehen ist Barmherzigkeit immer mit Handeln verbunden. Christen, die über die verdurstenden Kinder in Juarez weinten, zeigten tiefe Betroffenheit – in Verbindung mit einem gereichten Becher Wasser eine Handlung der Barmherzigkeit.

Brennan Manning

22. AUGUST

"Denn im Himmel erwartet euch eine große Belohnung."
(Matthäus 5,12)

Bei vielen Christen ist es aus der Mode gekommen, allzu viel Nachdruck auf die Belohnung zu legen, die uns in der Zukunft erwartet. Mein ehemaliger Pastor Bill Leslie bemerkte mehr als einmal: „Wenn die Kirchen reicher und erfolgreicher werden, dann singen sie nicht mehr so oft ‚Ich bin nur Gast auf Erden', sondern ‚Meinem Gott gehört die Welt'." Vielleicht haben zumindest wir nordamerikanischen Christen uns auf dieser Erde so behaglich eingerichtet, dass wir uns nicht mehr mit den Situationen identifizieren, die Jesus in den Seligpreisungen ansprach, und das erklärt, warum sie in unseren Ohren heute so merkwürdig klingen.

Philip Yancey

23. AUGUST

Ist jemand in Christus, so ist er eine neue Kreatur; das Alte ist vergangen, siehe, Neues ist geworden.
(2. Korinther 5,17; LUT)

Manchmal leben wir unter unseren Möglichkeiten. Wir schauen auf das alte Geschöpf, ob es nun Laura heißt oder Anne oder Hildegard. Die Schöpferkraft Gottes ist geblieben und damit die Chance, immer mehr in diese neue Laura, Anne oder Hildegard hineinzuwachsen. Wir wollen uns nicht entmutigen lassen von unserem Versagen oder den Lebensbereichen, wo wir über uns selbst seufzen. Die Schöpferkraft Gottes ist in uns und will euch heute verändern, erneuern, befreien, aufrichten. Einfach bei ihm, dem Schöpfer, bleiben und offen sein. Mehr ist nicht nötig.

Kerstin Wendel

24. AUGUST

„Liebe deinen Nächsten wie dich selbst."
(Matthäus 22,39)

Selbsthass ist ein unüberwindliches Hindernis in unserem Prozess des Wachstums und der Reife. Er macht uns unfähig, Liebe zu schenken oder zu empfangen. Wer sich selbst verachtet, wird nur negative Erfahrungen und Erinnerungen sammeln. Alle anderen Emotionen sind blockiert, und es überwiegt ein Gefühl der persönlichen Wertlosigkeit. Solche Menschen werden sich verschließen und in Gesellschaft anderer immer unsicherer werden. Spricht man sie direkt darauf an, werden sie ihre tiefe Enttäuschung über ihren Mangel an geistlichem Wachstum ausdrücken. Für andere zu sorgen ist unmöglich, wenn wir nicht gelernt haben, für uns selbst zu sorgen!

Brennan Manning

25. AUGUST

*„Selig ist der Knecht, den sein Herr,
wenn er kommt, das tun sieht."*

(Lukas 12,43; LUT)

Als Jesus über seine Wiederkunft spricht, nimmt er das Bild eines Gutsbesitzers, der heim in sein Eigentum kommt. Das einzige, was er von seinen Verwaltern erwartet, ist, dass sie ihre Arbeit tun: „Selig ist der Knecht, den sein Herr, wenn er kommt, das tun sieht." Also nicht: Selig der Knecht, der seinem Herrn Erfolge vorweisen kann. Was unser Herr bei uns sucht, ist Treue.

Magnus Malm

26. AUGUST

Dort hatten die Brüder von uns gehört und kamen uns entgegen ... Als Paulus sie sah, dankte er Gott und gewann Zuversicht.

(Apostelgeschichte 28,15; LUT)

Paulus war auf dem Weg nach Rom, unterwegs in einem Schiff. Nicht als Tourist, sondern als Gefangener. Er fühlte sich allein und einsam. Dann kamen sie ihm entgegen, seine Glaubensbrüder aus Rom. Gerade in seiner Situation und in der Fremde war dies eine Ermutigung und Freude. Heute gibt es auch Christen, die verfolgt werden, die krank sind, die allein oder in Not sind. Sie brauchen uns. Und wir? Wir brauchen einander ebenso!

Marit Studer

27. AUGUST

„Gott segnet die, die erkennen, dass sie ihn brauchen."
(Matthäus 5,3)

Deine Hilflosigkeit ist dein bestes Gebet. Sie ruft aus deinem Herzen besser zu Gottes Herzen als alle deine formulierten Gebete. Er hörte dich vom ersten Augenblick an, da dich die Hilflosigkeit ergriffen hat. Und er macht sich schon bereit, dir zu helfen. Als Mutter verstehst du leichter diese Seite des Gebets. Dein kleines Kind kann nicht eine einzige Bitte an dich in Worte kleiden; und doch bittet es, so gut es kann, indem es schreit. Aber du verstehst die Bitte. Ja, das Kleine braucht nicht einmal zu schreien. Du brauchst es nur zu sehen in seiner hilflosen Abhängigkeit von dir, so erreicht seine Bitte dein Mutterherz.

Ole Hallesby

28. AUGUST

So gibt es nun keine Verdammnis für die,
die in Christus Jesus sind.
(Römer 8,1; LUT)

Eine umfassendere Aussage könnte man sich kaum denken – und sie ist auch weit gefährlicher, als wenn Paulus gesagt hätte: „Also, Gott kann nichts versprechen. Vielleicht gibt es keine Verdammung; das hängt alles davon ab, wie ihr euch ab heute benehmt." Es sieht so aus, als hätte Gott der Richter seinen Freispruch schon vor Beginn des Prozesses verkündet!

Philip Yancey

29. AUGUST

Das ist das Werk des Herrn, und es ist wunderbar anzusehen. Dies ist der Tag, den der Herr gemacht hat. Lasst uns jubeln und fröhlich sein.

(Psalm 118,23-24)

Der größte Feind des Christentums sind vielleicht Leute, die sagen, dass sie an Jesus glauben, aber zu staunen aufgehört haben. Jesus ist nicht nur gekommen, um uns aus der Verlorenheit, sondern auch aus der Lustlosigkeit zu erretten; er wollte uns von unserer oberflächlichen wie auch verdorbenen Haltung befreien. Unsere Kultur läuft Gefahr, in Unmoral und Stumpfsinn zu ertrinken. Wir können nicht mehr tanzen, singen oder lachen. Das Fernsehen ändert Wertvorstellungen, macht uns gefühllos gegenüber dem Leben in all seiner wunderbaren Wildheit.

Mike Yaconelli

30. AUGUST

Die Pharisäer waren empört. „Wie kommt euer Meister dazu, mit solchem Abschaum zu essen?"
(Matthäus 9,11)

Jesus ist kein Mensch zu schlecht. Wenn unsereins sich denkt: Es ist doch shocking, sich mit einer öffentlichen Frauensperson oder mit einem Funktionär der Besatzungsmacht sehen zu lassen, dann macht ihm das nicht nur nichts aus, sondern er tritt diesen Subjekten auch noch mit einer Freundlichkeit entgegen, die auf die Nerven geht. Denn wenn er so grenzenlos nachsichtig ist, dann liegt darin so etwas wie ein moralischer Anspruch an seine ganze Umgebung: Ich erwarte, dass ihr euch ebenfalls nicht von einem heimlichen Pharisäismus kitzeln lasst, wenn euch ein schuldbeladener Mitmensch begegnet.

Helmut Thielicke

31. AUGUST

Schließlich sollt ihr alle einig sein, voller Mitgefühl und gegenseitiger Liebe. Seid barmherzig zueinander und demütig.
(1. Petrus 3,8)

Beim Treffen der Anonymen Alkoholiker hörte ich: Ein Bauarbeiter war auf dem Heimweg auf ein paar Bier in einer Kneipe eingekehrt. Als er zum Abendessen nach Hause kam, rannte seine kleine Tochter mit breiverschmiertem Mund und voller Windel auf ihn zu. Missbilligend drehte er sich zu seiner Frau um und murmelte: „Wie kann man ein so stinkendes Wesen so lieb haben?" Sie entgegnete gelassen: „Genauso wie ich meinen nach Bier stinkenden, betrunkenen Ehemann lieb habe." Voll bemerkenswerter Erkenntnis schrieb Vincent De Paul: „Sei barmherzig, und du wirst ein Heiliger werden."

Brennan Manning

1. SEPTEMBER

*„Alles nun, was ihr wollt, dass euch die Leute tun sollen,
das tut ihnen auch!"*
(Matthäus 7,12; LUT)

Frère Roger Schutz, Begründer der Kommunität in Taizé, hat es einmal mit sehr schönen Worten beschrieben: „Am Abend unseres Lebens wird es die Liebe sein, nach der wir beurteilt werden, die Liebe, die wir allmählich in uns haben wachsen und sich entfalten lassen, in Barmherzigkeit für jeden Menschen." Den Menschen in Liebe und Barmherzigkeit zu begegnen, heißt manchmal, den eigenen Stolz zu überwinden und den ersten Schritt zu tun.

Christina Rosemann

2. SEPTEMBER

Was ihr jetzt braucht, ist Geduld, damit ihr weiterhin nach Gottes Willen handelt. Dann werdet ihr alles empfangen, was er versprochen hat.

(Hebräer 10,36)

Der Hebräerbrief erklärt uns: Glauben heißt, uns dessen sicher zu sein, was wir erhoffen, und uns dessen gewiss zu sein, was wir nicht sehen. Deswegen ist es so wichtig zu erkennen, was Gott verspricht – und was er nicht verspricht. Er verspricht, dass wir sicher sein können, wer er ist, und dass wir uns seiner Beziehung zu ihm sicher sein können. Wie sich unser Weg entwickelt, ist voller Ungewissheiten – das Ende der Geschichte jedoch nicht. Das letzte Kapitel der Menschheitsgeschichte ist schon geschrieben. Jesus siegt!

Erwin McManus

3. SEPTEMBER

Jesus hat mal eine Geschichte erzählt. Darin vergleicht er Gott mit einem Vater, der von seinem Sohn bitter enttäuscht wird. Der Sohn haut ab. Aber nach einer Weile sieht er seinen Fehler ein und kommt wieder nach Hause. Der Vater freut sich so sehr darüber, dass er seinem Sohn entgegenrennt und ihm um den Hals fällt. Anstatt den Sohn anzuschnauzen, veranstaltet er eine riesige Party und fährt alles auf, was das Haus zu bieten hat.

(vgl. Lukas 15,11-22)

Gott ist ein feiernder Gott. Er kann sich maßlos freuen. Es ist ein Märchen, dass Gott keinen Spaß versteht und dass er sich nie freut. An dieser Bibelstelle sehen wir, dass Gott der Erfinder von Spaß ist. Alles, was gut ist, kommt von ihm.

Gottfried Müller

4. SEPTEMBER

„Und nun werde ich euch den Heiligen Geist senden, wie mein Vater es versprochen hat. Ihr aber bleibt hier in der Stadt, bis der Heilige Geist kommen und euch mit Kraft aus dem Himmel erfüllen wird."

(Lukas 24,49)

In meinen Augen hat die Wahl Jesu tief greifende Konsequenzen für Sie und mich. Dafür, wie wir Jesus in unserer Welt nachfolgen sollen. Ich weiß nicht, ob Sie Lehrer sind oder Installateur, Erzieherin oder Geschäftsmann. Ich weiß nicht, wie Ihre Welt aussieht – aber offensichtlich glaubt unser Rabbi, dass Sie so sein können wie er. Er hat großen Glauben an Sie!

Rob Bell

5. SEPTEMBER

*Er zeigt den Demütigen, was richtig ist,
und lehrt sie seinen Weg.*
(Psalm 25,9)

Demütig sein: Wenn ich demütig bin, erkenne ich, dass alles, was ich bin und habe, von Gott kommt. Wir haben versucht, dieses Prinzip unseren drei Kindern einzuprägen, als sie klein waren. Sie sind gesund, intelligent und haben viele Begabungen. Es war uns aber wichtig, sie daran zu erinnern, dass diese Dinge Gaben Gottes sind, die sie in Dankbarkeit und Freude genießen und dass sie gleichzeitig anderen damit dienen dürfen.

Elizabeth Domig

6. SEPTEMBER

„Vergib uns unsere Schuld, wie auch wir denen vergeben haben, die an uns schuldig geworden sind."
(Matthäus 6,12)

Mein Vorbild in Lebensfragen ist Jesus. Er hat immer wieder betont, wie wichtig Vergebung und Versöhnung sind. Persönlich habe ich immer wieder erlebt, dass Vergebung und Versöhnung eine unvorstellbare Kraft haben und uns frei machen – frei für das, was Gott in unser Leben bringen will.

Verena Birchler

7. SEPTEMBER

Der auch seinen eigenen Sohn nicht verschont hat, sondern hat ihn für uns alle dahingegeben – wie sollte er uns mit ihm nicht alles schenken?
(Römer 8,32; LUT)

„Besser als alle deine Gebete, Werke und Bußübungen würde mir gefallen, wenn du glauben würdest, dass ich dich liebe." Die Gnade, loszulassen und Gott Gott sein zu lassen, entspringt aus dem Vertrauen in seine grenzenlose Liebe. Dennoch fällt es vielen Menschen schwer, zu vertrauen. Vielleicht verfolgt vom Gespenst der Eltern, die in Armut lebten, indoktriniert durch Slogans, die Gott und seine Macht und Liebe abwerten, sind wir mit einem skeptischen Geist und unter Maßgabe aufgewachsen, dass wir unser Schicksal selbst in der Hand haben.

Brennan Manning

8. SEPTEMBER

Erschreckt nicht über die schmerzhaften Prüfungen, die ihr jetzt durchmacht, als wären sie etwas Ungewöhnliches.
(1. Petrus 4,12)

Manchmal sind wir aufgefordert, große Not zu ertragen – den Verlust eines Kindes, eine langwierige oder lähmende Krankheit, einen finanziellen Zusammenbruch, das Ende einer Beziehung, nicht enden wollende Probleme, eine unerklärliche Serie von Tragödien – während die Menschen um uns herum keine Schwierigkeiten zu haben scheinen. In solchen Zeiten, während wir nach Antworten suchen, gerät vielleicht unser Glaube ins Wanken. Möglicherweise stellen wir Gott zornige Fragen. Aber während wir tasten und suchen, uns unseren Schwierigkeiten stellen und sie ertragen, wachsen wir innerlich und unser Leben gewinnt neuen Sinn.

Pam Vredevelt

9. SEPTEMBER

Seht zu, dass keine bittere Wurzel unter euch Fuß fassen kann, denn sonst wird sie euch zur Last werden und viele durch ihr Gift verderben.

(Hebräer 12,15)

Der Vers heute mahnt mich, Bitterkeit in mir nicht zu kultivieren und mich nicht innerlich zu vergiften. Ich mache mir bewusst, dass manches Verletzende, was andere mir sagen, mehr ihrem eigenen Schmerz und ihrer schwierigen Lebenssituation entspringt, als dass es tatsächlich mir gilt. Die Wunden, die diese Worte dennoch schlagen, halte ich Jesus hin, damit er den Schmerz heilen kann.

Tamara Hinz

10. SEPTEMBER

Durch Leiden lernen wir Geduld, durch Geduld kommt es zur Bewährung, durch Bewährung festigt sich die Hoffnung.
(Römer 5,4; GNB)

Der Charakter, der im Feuer geduldigen Leidens geformt wird, ist das Fundament, auf dem unsere Hoffnung auf die Ewigkeit gründet. Wenn wir uns mit dem Leiden Christi hier auf dieser Erde identifizieren, dann wächst in uns auch dasselbe Verlangen, auf ewig mit dem Vater eins zu sein. Wir weigern uns, es uns hier auf Erden in unserem provisorischen Heim allzu gemütlich zu machen. Stattdessen strecken wir uns danach aus, das letzte Ziel zu erreichen, die leuchtende Hoffnung der Herrlichkeit.

Barbara Johnson

11. SEPTEMBER

Die aber Christus Jesus angehören, die haben ihr Fleisch gekreuzigt samt den Leidenschaften und Begierden.
(Galater 5,24; LUT)

Ich glaube, es gibt keine einfache Lösung, wenn wir nach schonungsloser Ehrlichkeit streben. Mir hat es jedoch geholfen, stündlich innezuhalten und kurz zu prüfen, ob meine Gedanken, Worte und Taten der vergangenen sechzig Minuten sich mit meinem Traum, ein liebender Mensch zu sein, vereinbaren lassen. Sollte es sich herausstellen, dass diese Praxis zur Nabelschau, zu ungesunder Introvertiertheit und Selbstbezogenheit führt, will ich mich nicht fragen, wie es so weit kommen konnte, sondern was ich dagegen tun kann.

Brennan Manning

12. SEPTEMBER

*„Habt keine Angst vor denen, die eure Seele nicht
töten können."*
(nach Matthäus 10,28)

Überleg dir, in welchem Bereich deines Lebens du zurzeit besonders mutig sein musst. Hast du Angst, in dieser Sache verletzt zu werden? Schreib alles auf, was dir dazu einfällt. Dann notier jeden Schmerz, den du fühlst, wenn du an eigene Unsicherheit denkst. Bring die Ängste und den Schmerz zu Gott und bitte ihn, dir die innere Gewissheit zu schenken, dass egal was passiert, deine Seele bei ihm geborgen ist. Bitte Gott, dass er deine Zerbrochenheit in zuversichtliche Hingabe verwandelt.

Carol Kent/Karen Lee-Thorp

13. SEPTEMBER

Die Freude am Herrn ist eure Stärke.
(Nehemia 8,10; SCH)

Wann haben Sie das letzte Mal einen anderen Menschen dazu gebracht, lauthals zu lachen? Diese Fähigkeit ist jedem gegeben, wenn auch auf unterschiedliche Weise. Zunächst müssen wir uns entspannen können. Versuchen Sie, nicht alles so persönlich und so ernst zu nehmen. Lassen Sie los, was Ihnen wie ein böser Hieb vorkommen will. Wenn Sie erst einmal locker geworden sind, dann seien Sie einfach so, wie Sie sind – die wunderbare, gescheite Frau, die Gott gebrauchen will, um anderen Mut zu machen. Sie werden eine ganz neue Dimension der Freude erleben, die Sie befähigen wird, sich über die Umstände zu erheben und dabei andere mitzuziehen.

Barbara Johnson

---

14. SEPTEMBER

Das Unheil, das dich traf, kannst du vergessen wie Wasserfluten, die verlaufen sind. Dein Leben zeigt sich dann in neuem Licht und strahlt noch heller als die Morgensonne; nach aller Dunkelheit kommt Morgenglanz.

(Hiob 11,16-18; GNB)

Wir treffen täglich wichtige Entscheidungen, die uns in eine bestimmte Richtung lenken. Unabhängig von unseren Lebensumständen sollten wir immer wieder daran denken, dass unser Leben aufgehen kann wie der Mittag und dass das Finstere lichter Morgen werden kann, sofern wir unsere Hoffnung in jedem Augenblick auf Gott setzen. Dann werden wir erleben, was echte Sicherheit ist, und werden wirklich Ruhe finden.

Luci Swindoll

15. SEPTEMBER

Du hast alles in mir geschaffen und hast mich im Leib meiner Mutter geformt.
(Psalm 139,13)

Alles, was Jesus dir sagt, kann in dem Satz zusammengefasst werden: „Sei gewiss, dass du willkommen bist!" Denk immer daran, dass dein Gefühl, nicht willkommen zu sein, nicht von Gott kommt und nicht die Wahrheit sagt. Der Fürst der Finsternis möchte dich glauben machen, dass dein Leben ein Irrtum ist und es für dich kein Daheim gibt. Aber immer, wenn du es zulässt, dass dich solche Gedanken befallen, begibst du dich auf den Weg der Selbstzerstörung. Deshalb musst du die Lüge entlarven und die Wahrheit, dass du ganz und gar willkommen bist, zur Richtschnur deines Denkens, Redens und Handelns machen.

Henri Nouwen

16. SEPTEMBER

Der ehrliche Rat eines Freundes ist so angenehm wie Öl oder Weihrauch.
(Sprüche 27,9)

Freundschaft ist ein Wort, in dem ein großes Wachstumspotenzial steckt. Jeder von uns kann wachsen, indem er seinen Charakter entwickelt. Ein guter Freund zu werden, kostet so viel Zeit und Mühe, wie jeden Tag intensiv Aerobic zu betreiben. Wir wachen nicht eines Tages auf und sind über Nacht zur perfekten Freundin geworden. Zwar tragen wir durch unsere Erbanlagen die Sehnsucht nach Gemeinschaft in uns, aber wir kommen nicht mit dem Wissen auf die Welt, wie man anderen eine gute Kameradin ist. Das lernen wir nur, indem wir geben und nehmen, mit anderen reden und beten, ihnen vergeben und uns in andere Menschen hineinversetzen.

Patsy Clairmont

17. SEPTEMBER

„Aber wenn der Heilige Geist über euch gekommen ist, werdet ihr seine Kraft empfangen."

(Apostelgeschichte 1,8)

Als ich Fahrradfahren lernte, habe ich mich nicht sehr geschickt angestellt. Doch dann bot sich ein Junge an, mir das Radfahren beizubringen. „Das Problem ist, dass du nicht genug Schwung hast. Wenn du lange genug schnell genug unterwegs bist, dann hast du überhaupt keine Probleme." Zitternd setzte ich die Füße auf die Pedale. Er sagte: „Wenn ich dich loslasse, strampel einfach weiter! Hab keine Angst vor dem Schwung! Du musst ihn ausnutzen!"
Der Heilige Geist flüstert: „Ich zeige dir, wie du den Schwung ausnutzen kannst, um mit deinem Leben dorthin zu gelangen, wo Gott dich haben will."

Barbara Johnson

18. SEPTEMBER

Eines Tages brachten einige Eltern ihre Kinder zu Jesus, damit er sie berühren und segnen sollte. Dann nahm er die Kinder in die Arme.

(Markus 10,13.16)

Es ist für mich undenkbar, mir bei einer Kindersegnung einen freudlosen Jesus mit versteinertem, unbeteiligtem Gesichtsausdruck vorzustellen. Die menschliche Persönlichkeit Jesu als teilnahmslose Maskierung für seine dramatischen, von Gott inspirierten Reden zu verstehen, heißt, ihm seine Menschlichkeit zu rauben, ihn auf einen leblosen Gipsabdruck zu reduzieren und ihm sein emotionales Engagement, seine Verletzbarkeit sowie alle menschlichen Gefühlsregungen wie lachen, weinen oder lächeln abzusprechen.

Brennan Manning

19. SEPTEMBER

Denn getrennt von mir könnt ihr nichts tun.
(Johannes 15,5)

Ich kann es nicht lassen, die Hilflosigkeit zu unterstreichen; denn sie ist das Entscheidende, nicht nur in unserem Gebetsleben, sondern in unserem ganzen Verhalten zu Gott. Solange wir unsere Hilflosigkeit kennen, kann uns keine Schwierigkeit überraschen, keine Not verwirren, kein Hindernis erschrecken. Wir erwarten nichts von uns selbst und breiten darum alle Schwierigkeiten und Hindernisse im Gebet vor Gott aus. So öffnen wir Gott die Tür und geben ihm die Möglichkeit, seine wunderbare Kraft an unserer Hilflosigkeit zu offenbaren.

Ole Hallesby

20. SEPTEMBER

Gute Nachrichten aus der Ferne sind wie kaltes Wasser für den Durstigen.
(Sprüche 25,25)

Wenn wir kleine Taten der Freundlichkeit tun, die das Leben für einen anderen ein wenig erträglicher machen, dann wandeln wir in der Liebe. Manchmal kostet das nur eine Briefmarke, ein wenig Papier und Tinte. Jede von uns hat irgendwann schon einmal das Gefühl gehabt, sie sollte unbedingt einen kleinen Gruß schreiben. Oft tun wir es nicht, weil wir meinen, es käme sowieso nicht darauf an. Doch wenn wir so denken, dann versäumen wir es, andere mit Freude anzustecken und auch selbst welche zu empfangen. Seien Sie ein „Freudenerreger" und finden Sie Ihren eigenen Weg, um heute jemandem Mut zu machen.

Barbara Johnson

21. SEPTEMBER

So sind wir nicht auf das Schwere fixiert, das wir jetzt sehen, sondern blicken nach vorn auf das, was wir noch nicht gesehen haben. Denn die Sorgen, die wir jetzt vor uns sehen, werden bald vorüber sein, aber die Freude, die wir noch nicht gesehen haben, wird ewig dauern.

(2. Korinther 4,18)

Ich glaube, dass es Zeiten im Leben gibt, in denen Gott uns einen neuen Fixpunkt gibt. Er stellt uns Menschen oder Situationen in den Weg, die uns herausfordern, darüber nachzudenken, ob wir unser Leben um seines Reiches willen leben wollen oder nicht.

Pam Vredevelt

22. SEPTEMBER

Und Gott sah das Licht an: Es war gut.
(1. Mose 1,4; GNB)

Das ist die Urform der Freude, die Gott selbst uns vorgelebt hat. Eine Aufgabe erfüllen, sei sie auch nur winzig, und sich daran freuen, dass es gut so ist. Nicht perfekt – gut reicht. Aber wir alle bewältigen doch täglich Unmengen von Aufgaben. Warum freuen wir uns dann nicht den ganzen Tag? Vielleicht vergessen wir einfach den kleinen Moment der Feier. Wir haken die Aufgaben eine nach der anderen ab, statt uns nur eine halbe Minute Zeit zu nehmen, um eine erfüllte Aufgabe zu feiern. Indem wir uns einfach einen Moment lang freuen – über das Essen, die geputzten Schuhe, eine fertig gestellte E-Mail. Indem wir es machen wie Gott.

Ute Passarge

23. SEPTEMBER

Der Herr aber ist der Geist; wo aber der Geist des Herrn ist, ist Freiheit.

(2. Korinther 3,17; ELB)

Der Heilige Geist ist nicht kleiner oder unbedeutender als der Sohn und der Vater. Er ist der Geist Gottes, der uns Menschen in die Freiheit führen möchte. Wir Menschen brauchen den Geist Gottes, um Jesus Christus zu erkennen und um die neue Schöpfung in Christus zu sein. Erlauben Sie dem Heiligen Geist, in Ihrem Leben zu wirken. Sagen Sie „Ja" zu ihm. Und seien Sie darauf gefasst, dass es spannend wird, wenn Gott das Steuerrad Ihres Lebens ganz in die Hand nehmen darf!

Maren Hoffmann-Rothe

24. SEPTEMBER

Jetzt könnt ihr einander aufrichtig lieben, denn ihr wurdet von eurer Schuld befreit, als ihr die Wahrheit Gottes angenommen habt. Deshalb sollt ihr euch wirklich von Herzen lieben.

(1. Petrus 1,22)

Mein christliches Engagement basiert nicht unbedingt auf der Liebe zu den Heiden, sondern oft auf dem Hass gegenüber einem heidnischen Lebensstil. Ob dies aber der richtige Antrieb ist? Die meisten Christen sind deshalb Christen, weil sie die Liebe Gottes erfahren haben. Wie aber sollen Nichtchristen diesem liebevollen Gott begegnen, wenn wir ihnen als Gottes Bodenpersonal nur mit Abneigung gegenübertreten? Jesus hat uns vorbehaltlos geliebt – uns als Sünder! Und wir sollten es ihm nachtun und lernen, die anderen Sünder mehr zu lieben, als ihre Sünde zu hassen.

Anna-Maria Heinemann

25. SEPTEMBER

Und wer diese meine Rede hört und tut sie nicht, der gleicht einem törichten Mann, der sein Haus auf Sand baute.
(Matthäus 7,26; LUT)

Der Traum Jesu Christi ist das Reich Gottes, und wer Jesus von ganzem Herzen nachfolgt, der glaubt auch an seinen Traum. Dabei gilt es zu beachten, dass Gottes Königreich kein Abstraktum ist. Es ist eine greifbare, sichtbare, wunderbare Realität, die gestaltet wird durch die Gemeinschaft der Christen und die persönliche Hingabe des Einzelnen. Christliches Engagement, das sich nicht in demütigem Dienst, duldsamer Nachfolge und kreativer Liebe äußert, ist eine Illusion.

Brennan Manning

26. SEPTEMBER

Wer nun mich bekennt vor den Menschen, den will ich auch bekennen vor meinem himmlischen Vater.
(Matthäus 10,32; LUT)

Frühdienst. Eine ältere Frau braucht Hilfe beim Duschen. Nanu, was ist denn das auf der Schulter? Eine Tätowierung! Das Fischsymbol der Christen! Ist ja gewaltig, eine ältere Frau mit Fischtätowierung auf der Schulter! Der Aufenthalt dieser Patientin wurde für mich zu einer Bereicherung. Ihre Lebensgeschichte, ihre frische Art, begeistert vom Glauben zu erzählen, beeindruckte mich. Wo erzähle ich anderen Menschen von meinem Glauben? Hat nicht eher die Gewohnheit die Begeisterung abgelöst?

Marion Assmann

27. SEPTEMBER

Alles hat seine Zeit.

(Prediger 3,1)

Ich will alles – sofort! Kennen Sie diese Sehnsucht in sich? Ich will verheiratet sein, aber meine Freiheit behalten. Ich will reif werden, aber jung bleiben. Ich will … Nicht alles kann man gleichzeitig haben. Sich in einer bestimmten Lebensphase zu befinden, bedeutet, auf manche Dinge zu verzichten – weil sie jetzt gerade nicht dran sind.

Monika Kuschmierz

28. SEPTEMBER

Der Herr, dein starker Gott, der Retter, ist bei dir.
Begeistert freut er sich an dir.

(Zefanja 3,17)

Gott jubelt sogar beim Gedanken an uns! Heute darf ich wissen, dass Gott sich über mich freut. Gerade da, wo ich bin, genau in dem Zustand, in dem ich mich befinde. Und da ganz unabhängig von meiner eigenen Einschätzung.

Hannelore Illgen

29. SEPTEMBER

Herr, welche Vielfalt hast du geschaffen!
In deiner Weisheit hast du sie alle gemacht.

(Psalm 104,24)

Die Schöpfung ist voll ungeahnter Vielfalt und Schönheit. Das Feine, Komplizierte, Verletzliche zeugt genauso vom Reichtum der Schöpfung wie das Starke. Es ist so wichtig, dass wir uns nicht nur um die Bedürfnisse der Menschen kümmern, die diese Erde bevölkern, sondern auch um die Bewahrung der unzähligen Geschöpfe, die zur Schönheit und zum Gleichgewicht der uns von Gott gegebenen Welt beitragen. Ich muss mich immer wieder daran erinnern lassen, dass er sie in seiner „Weisheit" geschaffen hat, und ich ehre ihn, wenn ich all die Geschöpfe dieser Erde ehre.

Marilyn Meberg

30. SEPTEMBER

„Was hast du überhaupt hier zu suchen?", fuhr er ihn an. „Und wer hütet jetzt die paar Schafe und Ziegen in der Steppe? Ich weiß doch genau, wie hochnäsig und eingebildet du bist! Du bist nur zu uns gekommen, um dir eine Schlacht anzusehen."

(1. Samuel 17,28; HFA)

Von den Brüdern hatte keiner den Mut, Goliat entgegenzutreten. Und die Wut über die eigene Schwäche ließen sie nun an David aus. Wissen Sie, was wirklich schlimm ist? David stellte sich dem Kampf und wurde dabei alleingelassen. Die Brüder hatten keinen Mut und haben lieber gemeckert. Auch in Gemeinden ist das ein häufiges Phänomen. Oft verbringen wir unsere Zeit damit, interne Kämpfe zu führen, während der wirkliche Feind immer mehr Raum gewinnt.

Klaus-Günter Pache

1. OKTOBER

Ich will allen Menschen erzählen, wie treu du bist, und den ganzen Tag davon berichten, wie du mir geholfen hast, denn staunend sehe ich, wie viel du für mich getan hast.

(Psalm 71,15)

Das Evangelium der Gnade ruft uns auf, vom alltäglichen Geheimnis der Vertrautheit und Nähe mit Gott zu singen, statt immer nach Wundern und Visionen zu streben. Es ruft uns auf, über die ganz normalen Erfahrungen zu staunen, wie sich zu verlieben, die Wahrheit zu sagen, ein Kind großzuziehen, eine Schulklasse zu unterrichten, sich gegenseitig zu vergeben, zueinander zu stehen auch in schlechten Zeiten, zu staunen über Überraschungen und Zärtlichkeit und über das Strahlen des Seins. Von dieser Art ist das Himmelreich. Diese alltäglichen Begebenheiten sind die Wunder unseres Lebens, die nur echter Glaube als Wunder erkennt.

Brennan Manning

2. OKTOBER

Ich sehne mich, ja ich vergehe vor Sehnsucht.
(Psalm 84,3)

Wer Neues mit Gott erleben will, der muss die Sehnsucht in sich bewusst wahrnehmen und ihr nachgehen. Leicht gesagt – allzu oft aber nur schwer getan! Denn wir haben uns angewöhnt, diese Sehnsucht zu überhören. „Es ist zeitlich immer etwas ungeschickt", sagt der alte Ehemann in einem Klassiker von Loriot auf die Frage der Psychologin, warum er seine Frau nicht mehr küsst. Genauso scheint es uns zu gehen. Vielleicht aber ist es auch einfach zu laut um uns herum. Wir werden von so vielen Sachen belästigt, unter Druck gesetzt, dass wir es gar nicht mehr merken, wenn Gott uns auf seine zarte Art anstößt.

Martin Schramm

3. OKTOBER

Ich will dir den Weg zeigen, den du gehen sollst.

(Psalm 32,8)

„Gott hat einen Plan für dein Leben!" Das klingt beinahe so, als habe Gott schon von vornherein alles festgelegt, was in meinem Leben zu passieren hat. Und ich müsse nur noch diesen festgelegten Plan herausfinden und mich entsprechend verhalten. Ich halte es eher mit dem Gedanken, den ein chinesischer Christ einmal geäußert hat: „Ich sagte zu dem Engel, der an der Pforte des neuen Jahres stand: Gib mir ein Licht, damit ich sicheren Fußes der Ungewissheit entgegengehen kann. Aber er antwortete: Gehe nur hin in die Dunkelheit und lege deine Hand in die Hand Gottes. Das ist besser als ein Licht und sicherer als ein bekannter Weg."

Jürgen Werth

4. OKTOBER

Ein Mensch aber, der sich von Milch ernährt, ist im Leben noch nicht sehr weit fortgeschritten und versteht nicht viel davon, was es heißt, das Richtige nach Gottes Wort zu tun.

(Hebräer 5,13)

Gottes Wort halten: Das heißt, dass ich sein Wort zuerst einmal kennen muss! Durch Bibellesen, Austausch mit anderen und das Hören von Predigten kann ich sein Wort besser verstehen lernen. Darüber hinaus muss ich ihm auch gehorchen. Es ist nicht so wichtig, wie viel ich von Gottes Wort weiß, sondern wie viel ich in meinem Leben umsetze.

Elizabeth Domig

5. OKTOBER

Bekennt einander eure Schuld und betet füreinander.
(Jakobus 5,16)

Diese Praxis zielt darauf ab, dass wir uns als Bedürftige annehmen sollen. D. Bonhoeffer schrieb: „Wer mit seinem Bösen allein bleibt, der bleibt ganz allein. Es kann sein, dass Christen trotz gemeinsamer Andacht, trotz aller Gemeinschaft im Dienst alleingelassen bleiben, dass der letzte Durchbruch zur Gemeinschaft nicht erfolgt, weil sie zwar als Fromme Gemeinschaft haben, aber nicht als die Unfrommen, als die Sünder. Die fromme Gemeinschaft erlaubt es ja keinem, Sünder zu sein. Unausdenkbar das Entsetzen vieler Christen, wenn auf einmal ein wirklicher Sünder unter die Frommen geraten wäre."

Brennan Manning

6. OKTOBER

Komme ich um, so komme ich um.
(Ester 4,16; LUT)

Ich habe über Jahre mit diesem Wort gelebt und habe vor Gott gelegen und geschrien: „Ich kann nicht mehr!" Als Single alleine Pfarrer sein, Sekretärin, Jugendleiterin, Hausmeisterin, Organistin, Organisationschefin – das war wirklich einfach nur furchtbar! Ich weiß genau, ich hätte daran zugrunde gehen können. In dieser Situation wuchs Esters Satz in mir: Komme ich um, so komme ich um – mach mit mir, was du willst, Gott!" Aber wenn ich mich dahin durchgerungen hatte, dann passierte etwas Erstaunliches: Es war, als ob eine Tür aufginge, ich kriegte wieder Luft! Ich merkte, hier lag ein Geheimnis für meine Kraft. Immer wieder Ja zu sagen zu Gott.

Astrid Eichler

7. OKTOBER

… und sie freuten sich, ja seine Auserwählten jubelten.
(Psalm 105,43)

Weil ich in meinen Büchern und bei den Vorträgen so häufig auf das Thema Freude und Humor zu sprechen komme, werde ich oft gebeten, ein paar Tipps zu geben, wie man einen lachenden Lebensstil entwickeln kann. Eine lachende Lebenshaltung beginnt in unserem Inneren. Sie ruht auf einer Grundlage, die von Gott gegeben und errichtet wurde. Dieses Fundament gibt uns Sicherheit. Das bringt uns dann auch persönlich zur Ruhe. Ohne diesen inneren Frieden wird uns das Lachen letztlich vergehen. Wenn ich meine Gedanken in einem Satz zusammenfassen müsste, dann würde er lauten: Lerne den Urheber und Geber aller Freude kennen.

Marilyn Meberg

8. OKTOBER

Es ist das Größte, als wenn jemand seine ganze Hoffnung auf Gottes Gnade setzt und sich durch nichts davon abbringen lässt.
(Hebräer 13,9a, HFA)

Leistungsdenken bestimmt unsere westliche Gesellschaft. In der Beziehung zu Gott und was die Erlösung durch Jesus betrifft, spielt Leistung keine Rolle. Im Gegenteil: Je weniger ich „einbringen" kann, desto mehr vertraue ich, desto mehr lerne ich Gottes unverdiente Geschenke kennen! Menschen in weniger leistungs-, aber beziehungsorientierten Kulturen haben kaum Probleme, sich von Gott beschenken zu lassen: mit Vergebung und Heilung, ja allem, was Gott an Geschenken für seine geliebten Kinder hat.

Hannelore Illgen

9. OKTOBER

Wenn ihr denen vergebt, die euch Böses angetan haben,
wird euer himmlischer Vater euch auch vergeben.
(Matthäus 6,14)

Vergeben bedeutet nicht notwendigerweise, dass wir den anderen mögen müssen, dass wir ihn für einen guten Menschen halten oder sagen müssen, dass es völlig in Ordnung war, was er getan hat. Denn schließlich vergibt uns Gott und hasst dennoch das, was wir getan haben. Er hält daran fest, dass wir Menschen werden sollen, die solche Dinge nicht tun. Vergebung heißt, auf den starken Wunsch zu verzichten, andere Menschen zu strafen oder sie leiden zu sehen. Und es bedeutet auch, zu hoffen, dass sie eines Tages vielleicht die Menschen werden, als die Gott sie gedacht hat.

Carol Kent/Karen Lee-Thorp

10. OKTOBER

„Wenn es möglich ist, lass den Kelch des Leides an mir vorübergehen."
(Matthäus 26,39)

Und wieder finde ich es irgendwie tröstlich, dass Jesus angesichts des Schmerzes genauso reagiert wie ich. Er betete im Ölgarten nicht: „O Herr, ich danke dir, dass du mich auserwählt hast, für dich zu leiden. Über dieses Vorrecht freue ich mich!" Nein, er fühlte Kummer, Angst und Verlassenheit, und ihn beschlich sogar eine Art Verzweiflung. Und doch ertrug er es, weil er wusste, dass sein Vater die Mitte des Universums war, ein liebender Gott, dem er vertrauen konnte – egal, wie die Dinge im Moment aussahen.

Philip Yancey

11. OKTOBER

Wer aber sein Leben verliert um meinetwillen,
der wird's finden.
(Matthäus 16,25; LUT)

In unserer modernen Sprache ausgedrückt sagt Jesus, dass jeder, der sein Leben aufgibt, Leben in Fülle finden wird. Probier es aus! Schmecke den neuen Wein des Lebens, eines Lebens, das jede Mahnung, vorsichtig zu sein, in den Wind schlägt; ein Leben, in dem Gefahr und Risiko auf dich warten! Jesus sagt: „Gib dich selbst auf und wirf dich dem in die Arme, der dich nie aufgeben wird."

Mike Yaconelli

12. OKTOBER

Schenk uns heute unser tägliches Brot.
(Matthäus 6,11)

Welche Herausforderungen ziehen heute an Ihrem Horizont herauf? Welche schwierigen Fragen tauchen immer wieder in Ihren Gedanken auf? Darf ich Sie ermutigen, sich diesen Problemen direkt zu stellen und Gott einzuladen, bei der Bearbeitung dabei zu sein? Wenn Sie ihn zum Partner haben, können Sie sicher sein, dass Sie einige Antworten auf Ihre Fragen und konkrete Lösungen für die Probleme auf Ihrem Weg bekommen, die Ihr Leben verändern werden. Er ist schließlich noch immer Christus, der Herr.

Pam Vredevelt

13. OKTOBER

„Die Ernte ist groß, aber es sind nicht genügend Arbeiter da."
(Matthäus 9,37)

Wie viele Christen haben heute nichts Besseres zu tun, als die Gemeinde Jesu unter Beschuss zu nehmen. Und besonders häufig geraten die Christen ins Visier, die offensiv evangelistisch tätig sind. Währenddessen gewinnt der tatsächliche Feind eine Schlacht nach der anderen. Wie viele fromme Kreise in unserem Land definieren sich hauptsächlich über ein deutliches „Wir sind dagegen!". Auf der Mikroebene wird der Leib Christi seziert und ständig auf seine Rechtgläubigkeit geprüft. Wer hat da noch Zeit für Menschen, die ohne Christus verloren gehen?

Klaus-Günter Pache

14. OKTOBER

Die Stimme des Herrn erschallt über dem Meer. Der Gott der Herrlichkeit lässt den Donner grollen. Er ist der Herr über die Weiten des Meeres.

(Psalm 29,3)

Ich kann Gottes Fingerabdrücke in seinen Werken sehen; in einem Sonnenaufgang und in einer Sternschnuppe, in einem blühenden Busch und im Lächeln eines Säuglings. Wenn ich Hurrikans, Erdbeben und Gewitter betrachte, bekomme ich eine leise Ahnung von seiner Stärke. Seine unglaubliche Kreativität entdecke ich in einem Känguru und in einem rothaarigen Baby mit blauen Augen. Gottes Humor kann ich an Kakteen und am verschmitzten Zwinkern eines Zweijährigen erkennen. Mir wird seine Unfassbarkeit bewusst, wenn ich an die Dreieinigkeit, an das Sonnensystem und an seinen Wunsch denke, mit uns Menschen Gemeinschaft zu haben.

Patsy Clairmont

15. OKTOBER

Alles, was dir vor die Hände kommt, es zu tun mit deiner Kraft, das tu.

(Prediger 9,10; LUT)

Ein riesiges Ärgernis. Alles tun! Wie sollte ich denn bitte schön alles tun, wenn mir die notwendige Zeit und vor allem die Kraft dafür fehlte? „Du bist ein Schaf!" – „Wieso das denn, Herr?" – „Lies den Spruch doch mal richtig." Ach so! Erstens sollte ich nur das tun, was mir vor die Hände kommt. Also bloß nicht über die nächsten und übernächsten Aufgaben in Hektik verfallen. Zweitens sollte ich es in meiner Kraft tun. „Lebe dieses Wort, wie es gemeint ist. Alles, was dir vor die Hände kommt – heute! Es zu tun mit deiner Kraft – wenn die nicht reicht, komm zu mir!"

Anette Judersleben

16. OKTOBER

Die Frucht aber des Geistes ist Liebe, Freude, Friede, Geduld, Freundlichkeit, Güte, Treue, Sanftmut, Keuschheit.
(Galater 5,22-23; LUT)

Früchte wachsen und reifen, sind nicht einfach über Nacht da. Übertragen auf die Frucht des Geistes geht es also nicht um unsere Anstrengungen, unsere Möglichkeiten. Wie tröstlich und ermutigend! Geben wir dem Geist Gottes Raum, damit seine Früchte in uns wachsen können!

Gudrun Neumaier

17. OKTOBER

Die Liebe ist geduldig und freundlich. Sie ist nicht neidisch oder überheblich.
(1. Korinther 13,4)

Was ich nicht habe, erscheint so viel begehrenswerter als das, was ich habe. Drei praktische Schritte helfen mir oft in solchen Situationen: 1. Meinen Neid vor Gott im Gebet zu bekennen. 2. Für all das Gute und auch das Unvollkommene in meinem Leben zu danken. 3. Die Frage: Möchte ich auch die Lasten dessen tragen, auf den ich neidisch bin?

Marina Franz

18. OKTOBER

Mit meiner Seele will ich den Herrn loben und das Gute nicht vergessen, das er für mich tut.

(Psalm 103,2)

In meinem Schlafzimmer (meinem persönlichen Rückzugsort) habe ich eine Schachtel, in der ich Dinge aufbewahre, die eine ganz besondere Bedeutung für mich haben. Diese Schachtel ist mit meinem Lieblingsstoff bezogen, und an guten Tagen denke ich oft darüber nach, welche Dinge mir helfen, mich gut zu fühlen, zum Beispiel ein Foto, mit dem ich schöne Erinnerungen verbinde, oder ein besonderer Brief oder eine Postkarte. Solche Dinge lege ich dann in meine Schachtel, damit sie mir an schlechten Tagen helfen und mich wieder aufrichten.

Sue Atkinson

19. OKTOBER

*Ein Mensch kann seinen Weg planen,
seine Schritte aber lenkt der Herr.*
(Sprüche 16,9)

Wogegen sträuben Sie sich im Moment? Hat Gott Sie womöglich in irgendeine Richtung gestupst, und Sie haben entweder wiederholt „Nein" gesagt oder nur ein klägliches „Na ja, vielleicht, Herr"? Aus eigener Erfahrung kann ich Ihnen versichern, dass genau die Sache, gegen die wir uns so sehr auflehnen, sich als besonderer Segen Gottes herausstellen kann. Gott will uns segnen, er möchte, dass wir reifer werden und unser kuscheliges Sofa verlassen. Das Letzte, was Sie tun wollen, kann sich als das Beste herausstellen, das Ihnen je passiert ist. Und es könnte sogar Spaß machen.

Luci Swindoll

20. OKTOBER

Seht, wie viel Liebe unser himmlischer Vater für uns hat,
denn er erlaubt, dass wir seine Kinder genannt werden –
und das sind wir auch!

(1. Johannes 3,1)

„Ich bin ein Mensch, der von Christus geliebt wird." Das ist das Fundament, auf dem das wahre Ich ruht. Um das Bewusstsein für dieses Geliebtsein zu entwickeln, brauchen wir unbedingt Zeit allein mit Gott. In der Einsamkeit schalten wir die Stimmen aus, die uns einreden wollen, wir seien wertlos, und tauchen ein in das Geheimnis unseres wahren Ichs. Die Ursache unserer Unzufriedenheit ist die Unsicherheit darüber, wer wir wirklich sind. Diese Unruhe wird nie gestillt werden, solange wir uns nicht der Einsamkeit stellen und sie annehmen. Dort entdecken wir, dass es stimmt – wir sind tatsächlich geliebt.

Brennan Manning

21. OKTOBER

Gesegnet aber ist der Mann, der sich auf den Herrn verlässt und dessen Zuversicht der Herr ist.

(Jeremia 17,7; LUT)

Gesegnet ist vor allem derjenige, der sich auf Gott verlässt – und zwar in jeder Lebenslage; der mit Gottes Nähe, seiner liebevollen Zuwendung und seinem Eingreifen in unser Leben rechnet: Gott ist da; er sieht mich, und ich bin ihm nicht gleichgültig. So jemand kann gerade auch in schwierigen Situationen, in Niederlagen und leidvollen Erfahrungen Zuversicht bewahren im Aufblick zu Gott.

Christel Hausding

22. OKTOBER

Du hast meine Trauer in einen Tanz voller Freude verwandelt. Du hast mir die Trauergewänder ausgezogen und mir Freude geschenkt.

(Psalm 30,12)

Aufgabe des Lebens, seine Bestimmung ist Freude. Freue dich über den Himmel, über die Sonne, über die Sterne, über Gras und Bäume, über die Tiere und die Menschen. Und sei auf der Hut, dass diese Freude durch nichts zerstört wird.

Leo Tolstoi

23. OKTOBER

Vergebt euch untereinander, wenn jemand Klage hat gegen den andern, wie der Herr euch vergeben hat, so vergebt auch ihr!
(Kolosser 3,13; LUT)

Jemandem etwas nachzutragen, ist sehr beschwerlich. Wir sollten uns klarmachen: Wer schleppt hier eigentlich die Last hinter wem her? Es ist eben nicht der vermeintlich Schuldige, sondern der Verletzte. Wenn Jesus uns anleitet, dem anderen zu vergeben, dann entlastet das zuerst und vor allem uns selbst. Vergeben können ist Hygiene für die eigene Seele. Dazu fordert Jesus uns auf; dazu will er uns befreien und befähigen.

Christel Hausding

24. OKTOBER

Und sie nannte den Namen des Herrn, der mit ihr redete:
„Du bist ein Gott, der mich sieht."
(1. Mose 16,13; LUT)

Ja, unser Gott ist der allwissende Eine, der unsere Narben sieht, unsere Geheimnisse und unsere Kraft kennt. Unsere Wunden und unsere Schande sind seine Sache, und er weiß genau, wie viele Probleme wir aushalten können. Und diese Tatsache – dass er uns so gut kennt – ändert alles. Wir begreifen plötzlich, dass es eine Richtung gibt und wir in ein größeres Bild hineingehören. In der Wüste unseres Lebens schenkt uns die Tatsache, dass er uns anschaut, einen Grund, weiterzumachen. Wir sind nicht mehr anonym, wir sind nicht mehr einsam und verlassen.

Barbara Johnson

25. OKTOBER

Danach zog Jesus von Dorf zu Dorf und lehrte die Menschen. Er rief seine zwölf Jünger zu sich, sandte sie jeweils zu zweit aus und gab ihnen die Vollmacht, böse Geister auszutreiben.

(Markus 6,6-7)

Wenn es jemals einen Menschen gab, der die Hilfe anderer nicht nötig gehabt hätte, dann Jesus. Niemand konnte so gut wie Jesus predigen; niemand konnte so wie er Dämonen austreiben oder Menschen heilen. Verrückterweise nahm er die früheste Gelegenheit wahr, sich Auszubildende zu suchen, die dann bei ihm in die Lehre gingen und denen er immer mehr Verantwortung übertrug.

Carol Kent/Karen Lee-Thorp

26. OKTOBER

„Die Menschen in der Welt werden gegen euch sein, weil ihr zu mir gehört, denn sie kennen Gott nicht, der mich gesandt hat."
(Johannes 15,21)

Jesus eckte überall an. Seine Weigerung, sich der herrschenden Meinung und dem anerkannten Verhaltenskodex zu unterwerfen, ärgerte die Pharisäer dermaßen, dass sie – trotz aller Zeichen und Wunder – seinen Tod beschlossen. So einen Messias, der ihren Erwartungen nicht entsprach, wollten sie nicht. Wenn ich Jesus nachfolgen möchte, werde ich zwangsläufig früher oder später „aus dem Glied treten müssen". Wir werden auffallen und auf Widerstand stoßen. Jesus, der selbst auf Widerstand traf, sagte das voraus.

Friederike Tegge

27. OKTOBER

Jetzt, in dieser Welt sollen wir besonnen, gerecht und voller Hingabe an Gott leben.

(Titus 2,12)

Sind meine Prioritäten auch Gottes Prioritäten? Wie sieht sein Plan mit dem heutigen Tag aus? Gott will heute in meinen Werken und durch mein Leben hindurch handeln. Und so befehle ich mein Leben heute neu Gott an und erwarte, dass er es gelingen lässt. Hingabe braucht jeden Tag neu den Mut, die Dinge aus der Hand zu geben.

Antje Rein

28. OKTOBER

Sind wir untreu, so bleibt er doch treu;
denn er kann sich selbst nicht verleugnen.
(2. Timotheus 2,13; LUT)

Gott hat sich die Gemeinschaft mit uns Menschen wahrhaftig etwas kosten lassen. Es hat seinen Sohn das Leben gekostet, uns Menschen mit Gott zu versöhnen. Und weil seine Liebe so groß ist und sein Einsatz so überaus groß war, deshalb gibt er uns nicht auf. Wir können gar nicht so tief fallen, dass er uns fallen ließe. Gottes Treue ist unwandelbar.

Christel Hausding

29. OKTOBER

*Er war zutiefst verzweifelt, und schreckliche
Angst quälte ihn.*
(Matthäus 26,37)

Einmal schlenderten meine Frau und ich die Royal Street entlang. „Kommen Sie und sehen Sie sich das an", sagte ein Antiquitätenhändler und lud uns in seinen Laden ein. „Die Venus ist wertvoller, aber dieser gekreuzigte Elfenbein-Christus hat seine ganz eigene Schönheit." Je mehr wir ihn darstellen, desto mehr vergessen wir ihn selbst und die Qual seiner Todesstunde.

Brennan Manning

30. OKTOBER

Die Zeit ist kurz ... Denn das Wesen dieser Welt vergeht.
(1. Korinther 7,29.31; LUT)

Wie wäre es, wenn Sie heute mal etwas Außergewöhnliches tun, wozu Sie sich normalerweise keine Zeit nehmen würden? Tun Sie es für sich selbst, für ein Mitglied Ihrer Familie oder für einen Bekannten. Vielleicht fällt Ihnen etwas ein, wie Sie jemandem aus ihrer Nachbarschaft einen Gefallen tun können. Womöglich nehmen Sie sich auch nur die Zeit, laut ein Danklied zu singen, weil Sie sich freuen. Warten Sie nicht ab, bis sich eine andere Gelegenheit bietet.

Luci Swindoll

31. OKTOBER

*„Trachtet vielmehr nach seinem Reich,
so wird euch das alles zufallen."*
(Lukas 12,31; LUT)

Wir verkaufen unsere Seelen an die Götzen des Materialismus und der Macht. Daran krankt unsere gesamte Existenz. Statt von Barmherzigkeit werden wir von Konkurrenzdenken getrieben, sehen in unserem Nächsten den Rivalen, frönen einem Leben in Luxus, sind versklavt in der babylonischen Gefangenschaft der modernen Welt. Jesus dagegen befreit uns von der Gier nach Geld oder Macht, von der Vergnügungssucht und dem weit verbreiteten Gefühl des Selbsthasses, das unser labiles Gewissen plagt. Mit unvorstellbarem Weitblick lädt er uns ein, neue Prioritäten zu setzen: Trachtet vielmehr nach seinem Reich …

Brennan Manning

1. NOVEMBER

*„Mich jammert das Volk, denn sie haben nun drei Tage
bei mir ausgeharrt und haben nichts zu essen."*
(Markus 8,2; LUT)

Die Bibel und die Juden stammen aus einer Kultur, in der es üblich war, starke Gefühle zu haben und dies auch zu zeigen. Diese Gefühlsbetontheit steht in krassem Gegensatz zu dem klassischen griechisch-römischen Ideal der gelassenen Selbstbeherrschung, der allzu heftige Gefühle suspekt waren. Dass Gott solche Gefühlsausbrüche erlaubt, ja sogar dazu ermutigt, zeigt, wie stark sein Bündnis mit uns ist. Wenn ich mit einem Plastiklächeln auf dem Gesicht durchs Leben marschiere, während meine Seele blutet, bin ich kein ehrlicher Partner Gottes.

Philip Yancey

2. NOVEMBER

„Auf der Erde soll Gras wachsen und sie soll Pflanzen hervorbringen."
(1. Mose 1,11)

Ich liebe Grünkohl! Nach ein paar Gabeln fange ich oft an zu summen, weil es mir so gut schmeckt. Vor einigen Tagen saß ich allein mit meinem Grünkohl in der Küche. Während ich aß und summte, dachte ich: „Was bist du für ein großer und liebevoller Gott!" Was ist das für ein Gott, der Grünkohl erschafft?! Ein Gott, der sich denkt: „Jetzt erschaffe ich eine interessante Pflanze für ein deftiges Kohlgericht! Ich mache sie ein bisschen herb-bitter, das wird was ganz Besonderes." Wenn Sie keinen Grünkohl mögen, dann haben Sie vielleicht ähnliche Gedanken, wenn Sie Erdbeeren essen, Kirschen oder Schokolade.

Friederike Tegge

3. NOVEMBER

„Wie ist das Reich Gottes? …
Es gleicht einem winzigen Senfkorn."
(Lukas 13,18-19)

Bei geistlichen Menschen geht es um winzige Dinge. Gott tut hin und wieder „große" Dinge, aber es steht außer Frage, dass Gott in der Welt vor allem so winzig wie Salz und Licht wirkt. Gott wusste, dass wir von Natur aus vom Großen geblendet werden. Darum hat Jesus die Geschichten vom verlorenen Schaf, von der verlorenen Münze, dem verlorenen Sohn und dem Senfkorn erzählt. Jesus wollte uns sagen: Das geistliche Leben ist ein winziges Leben, voller winziger Entscheidungen, winziger Schritte in Gottes Richtung, winziger Einblicke in seine Herrlichkeit, kleiner Veränderungen, winziger Erfolge.

Mike Yaconelli

4. NOVEMBER

… und hätte die Liebe nicht, so wäre mir's nichts nütze.
(1. Korinther 13,3; LUT)

Jesus hatte erkannt, dass es nur diesen einen Weg gibt, Menschen zu helfen, das Leben als gütiges Geschenk und sich selbst als gut und kostbar zu betrachten: sie als Kostbarkeit zu behandeln und ihnen mit Güte zu begegnen. Man kann mich salben, mir predigen, mit mir diskutieren, doch meine Ohren und Augen werden verschlossen bleiben, wenn nicht ein anderes menschliches Wesen kommt und mich in meiner Kraftlosigkeit und Niedergeschlagenheit aufrichtet. Da wir Menschen oft die göttliche Gnade ausschlagen, werden wir unser Leben nur dann als gütiges Geschenk annehmen, wenn wir Liebe und Wertschätzung von anderen erfahren.

Brennan Manning

5. NOVEMBER

„Das Salz ist gut; wenn aber das Salz nicht mehr salzt, womit wird man's würzen? Habt Salz bei euch und habt Frieden untereinander!"

(Markus 9,50; LUT)

Starke Frauen sind versöhnte Frauen. Frauen, die mit Gott versöhnt sind, mit sich selbst und mit anderen – ganz besonders auch mit Männern. Viele Frauen leben mit Verletzungen, Stellen in ihrem Herzen, wo es weh tut, wo es sauer oder bitter ist. Solche Verletzungen machen uns schwach. Und auch der ständige Kampf, der daraus folgt. Der Machtkampf, Konkurrenzkampf und der Stolz – die Wurzel allen Übels. Wenn wir stark werden wollen, dann müssen wir um Versöhnung ringen. Kämpfen darum, Frieden zu finden.

Astrid Eichler

6. NOVEMBER

Auch wenn er stolpert, wird er nicht fallen, denn der Herr hält ihn fest an der Hand.

(Psalm 37,24)

Das Bild von Gottes ausgestreckter Hand, die verspricht, uns zu halten. Was für eine Sicherheit, was für ein herrliches Gefühl, kurz vor dem Fallen von jemandem aufgefangen zu werden, der uns liebt. Es liegt an uns allen, jeder Schwester, die auf ihrem Weg durchs Leben ausrutscht, die Hand entgegenzustrecken. Und es wird nicht allzu viel Zeit vergehen, bis wir selbst sie brauchen.

Marilyn Meberg

7. NOVEMBER

Dann zogen die Jünger los und forderten die Menschen auf, sich von ihren Sünden abzukehren. Sie trieben viele Dämonen aus und salbten viele Kranke mit Öl und heilten sie.
(Markus 6,12-13)

Jesus war ein Meister darin, die Möglichkeiten seiner Jünger zu erkennen, und er trug ihnen oft Aufgaben auf, denen sie sich möglicherweise zuerst nicht gewachsen fühlten. Aber er erlaubte ihnen auch, zu versagen. So konnten sie etwas gründlich lernen. Vielleicht bittet Gott uns darum, etwas aus der Hand zu geben, was wir schon lange tun, damit eine andere Frau, die Gott als zukünftige Leiterin im Auge hat, geistlich wachsen kann, während sie etwas Neues ausprobiert.

Carol Kent/Karen Lee-Thorp

8. NOVEMBER

Er wird es schenken, dass du wieder lachen kannst und dass du vor Freude jubelst.

(Hiob 8,21)

Lachen ist gut für Geist, Körper und Seele. Irgendwie habe ich das Gefühl, dass eines der ersten Geräusche, das wir hören werden, wenn wir in den Himmel kommen, ein melodischer Chor von Gelächter sein wird. Es wird nichts geben, was unser Kichern, Wiehern und Prusten unterbrechen wird. Oh, wir können uns auf so viel freuen. Aber bis dahin lassen Sie uns versuchen, das Beste aus unserem Leben zu machen. Lassen Sie uns den Durst unserer Seele damit stillen, dass wir aus jedem Tag, der vergeht, jeden nur möglichen Tropfen Freude pressen.

Pam Vredevelt

9. NOVEMBER

Die Namen der zwölf Apostel aber sind diese: der erste Simon, der Petrus genannt wird, und Andreas, sein Bruder, und Jakobus, der Sohn des Zebedäus, und Johannes, sein Bruder, Philippus und Bartholomäus; Thomas und Matthäus, der Zöllner; …

(Matthäus 10,2-3; ELB)

Vorwärts kommen wir nur durch rigorose Ehrlichkeit mit uns selbst. Es ist interessant: Immer, wenn die Evangelisten Markus, Lukas und Johannes die Jünger erwähnen, nennen sie den Verfasser des ersten Evangeliums entweder Levi oder Matthäus; in seinem eigenen Evangelium bezeichnet er sich selbst jedoch immer als „Matthäus der Zöllner", weil er nie vergessen will, wer er gewesen ist und wie weit Jesus sich herabbeugte, um ihn aufzusammeln.

Brennan Manning

10. NOVEMBER

Gott aber sei Dank, der uns den Sieg gibt durch unsern Herrn Jesus Christus!
(1. Korinther 15,57; LUT)

Ich weiß nicht, wie der Riese aussieht, mit dem Sie sich gerade auseinandersetzen müssen. Denken Sie daran: Der Sieg ist unser. Vor 2000 Jahren fand vor den Toren Jerusalems der entscheidende Kampf statt. Dort hat der Sohn Gottes für uns gesiegt. Am Kreuz hat er den größten Sieg der Geschichte errungen. Es ist vollbracht! Davon leben wir. Mich begeistern Geschichten von Männern und Frauen Gottes, die ein solches Vertrauen gelebt haben. Auch sie sind nicht unangefochten, nicht ohne Versagen, aber doch mit großem Glauben.

Klaus-Günter Pache

11. NOVEMBER

„Herr, rette mich!", schrie [Petrus]. Sofort streckte Jesus ihm die Hand hin und hielt ihn fest.

(Matthäus 14,30-31)

Eigentlich bin ich kein Typ, der sich auf jedes Wagnis stürzt, doch genauso wenig möchte ich ein langweiliges Leben führen. Vielleicht hat Petrus so empfunden, als er das Boot verließ und sich auf das vom Sturm gepeitschte Wasser des Sees Genezareth begab. Petrus war bereit, dieses Risiko einzugehen, doch dann richtete er seine Aufmerksamkeit auf das Unwetter und begann zu sinken. Das Risiko bestand darin, den Blick nicht länger auf Jesus zu richten, sondern sich von den Umständen einschüchtern zu lassen. Doch auch in dieser Situation streckte Jesus ihm seine Hand entgegen.

Patsy Clairmont

12. NOVEMBER

*Frage nicht: „Warum war früher alles besser als heute?"
Damit verrätst du nur, dass du das Leben noch nicht kennst.*

(Prediger 7,10; GNB)

Letztlich geht es im Leben immer darum, den Istzustand anzunehmen und „dankbar in allen Dingen zu sein". So realistisch, hart und „kopfmäßig" es klingen mag, das ist der Schlüssel zum erfüllten Leben: im Jetzt leben, für das dankbar zu sein, was gerade passiert, wen ich gerade als Freunde habe, was ich mir gerade kaufen durfte, wer mir gerade etwas Nettes gesagt hat. Der Prediger möchte ermutigen, nicht immer alles zu vergleichen. Weder mit früher, noch mit anderen. Ich lebe „jetzt", und dieses „ist" mein Leben, und darüber freut Gott sich.

Ines Emptmeyer

13. NOVEMBER

Ich und meine Familie werden jedenfalls dem Herrn dienen.
(Josua 24,15)

Josua hat seine Entscheidung getroffen. Er will Gott dem Herrn dienen, und das mit ganzer Hingabe. Das Glaubensbekenntnis macht auch deutlich, dass Josua sich nicht nach der Masse entscheidet, sondern danach, was er glaubt und erlebt hat. Er entscheidet sich für Gott! Wie entscheiden Sie sich heute?

Daniela Kurz

14. NOVEMBER

Dann sagte Jesus zu den Jüngern: „Wer von euch mir nachfolgen will, muss sich selbst verleugnen und sein Kreuz auf sich nehmen und mir nachfolgen."

(Matthäus 16,24)

Darin liegt die Herrlichkeit Jesu: In Schwachheit, Verletzlichkeit und scheinbarem Versagen hat er Jünger berufen, ihm nachzufolgen. Jünger, die bereit sind, sein Kreuz zu tragen und seine Passion durch ein Leben der Barmherzigkeit noch einmal zu durchleiden. Sie mögen von unserer Ellbogengesellschaft kaum wahrgenommen werden, abseits stehend und scheinbar unbedeutend für das Weltgeschehen. Bei ihrem Dienst, der oft im Verborgenen geschieht, geht es nicht um Gewinnen oder Verlieren, sondern um eine stille, beständige Präsenz. Sie mögen von der Welt ignoriert werden, doch sie bauen das Reich Gottes auf Erden.

Brennan Manning

15. NOVEMBER

Ich habe euch dies gesagt, damit meine Freude euch erfüllt und an eurer Freude nichts mehr fehlt.

(Johannes 15,11; GNB)

Machen Sie sich heute einmal ein Geschenk: Seien Sie ganz bewusst Sie selbst. Freuen Sie sich an Ihrer eigenen Persönlichkeit. Gott tut es auch. Hier sind Tipps, mit denen Sie ein Lächeln auf Ihr Gesicht zaubern können:
Sagen Sie: „Ich stehe mit offenen Armen hier, um das Beste in Empfang zu nehmen, das Gott mir heute geben will!" Lächeln Sie sich im Spiegel an und zwinkern Sie zurück. Lassen Sie sich nicht von der negativen Einstellung anderer anstecken. Gehen Sie giftigen Menschen heute aus dem Weg. Wenn Sie trotzdem einem begegnen, belohnen Sie sich mit einer Portion Eiskrem.

Barbara Johnson

16. NOVEMBER

Höre, Haus Israel! Höre das Klagelied,
das ich über dich anstimme.

(Amos 5,1)

Gott selbst leidet unter den Zuständen, die entstehen, wenn Menschen nicht mehr auf ihn hören. Er klagt an. Er kann nicht ertragen, dass Menschen in dieser Welt hungern, wo andere im Überfluss leben. Gott will uns ganz zurück. Unser Innerstes. Unser Herz. Nur dann können wir anders leben, wenn wir mit Gott leben. Wenn wir uns wieder zu ihm wenden und dieser Welt dienen. So wie Jesus es getan hat. Mit dem Herzen bei Gott, mit dem Leben bei den Unterdrückten.

Elke Werner

17. NOVEMBER

Dann legte er sich hin und schlief unter dem Strauch ein.
Doch plötzlich berührte ihn ein Engel und sagte zu ihm:
„Steh auf und iss!"

(1. Könige 19,5)

Es ist wunderbar, zu sehen, wie Gott auf Elia eingeht, als er in akuter Depression einfach nicht mehr kann. Oft lassen wir Menschen in unserer Umgebung nicht die Zeit, die sie brauchen, um Verletzungen, Fehlentscheidungen oder Enttäuschungen zu verarbeiten. Wir sprechen schnell von Vergebung und geistlicher Disziplin, anstatt uns um die offensichtlichen Nöte zu kümmern. Wer keine Kraft mehr hat, seinen Alltag zu bewältigen, braucht keine theologischen Weisheiten, sondern praktische Unterstützung.

Ursula Hauer

18. NOVEMBER

Sie schwiegen, denn sie hatten sich gestritten,
wer von ihnen wohl der Größte wäre.
(Markus 9,34; GNB)

Der Wunsch, eine Bedeutung zu haben, liegt tief in uns. Die Jünger diskutieren diese Frage in Abwesenheit Jesu. Wenn Jesus bei uns ist und wir in der Kommunikation mit ihm sind, haben wir den Vergleich nicht mehr nötig. In der Beziehung zu Jesus erfahren wir, dass wir angenommen und wertgeschätzt sind. Wer sich angenommen weiß, muss nicht mehr mit Vergleich und Neid um Geltung ringen.

Sibylle Stegmaier

19. NOVEMBER

... und erwählte seinen Knecht David und nahm ihn von den Schafherden; von den säugenden Schafen holte er ihn, dass er sein Volk Jakob weide und sein Erbe Israel. Und er weidete sie mit aller Treue und leitete sie mit kluger Hand.

(Psalm 78,70-72; LUT)

Treu sein bedeutet: Auch da, wo mich niemand sieht, bin ich Gott gehorsam. Es geht nicht darum, einen guten Eindruck zu hinterlassen. Das ist oft nicht schwer, denn wir Menschen sind leicht zu beeindrucken und zu verblüffen. Wenn Gott die Treue Davids so hervorhebt, dann meint er: David ist mir immer treu, in der Öffentlichkeit genauso wie im ganz Privaten.

Klaus-Günter Pache

20. NOVEMBER

„Das sind diejenigen, die aus der großen Prüfung kommen. Sie werden nie wieder hungern oder Durst leiden, und sie werden vor der brennenden Sonne und jeder Gluthitze geschützt sein … Und Gott wird alle ihre Tränen abwischen."
(Offenbarung 7,14.16-17)

Leid ist wesentlicher Bestandteil des Lebens. Wenn du in einer schmerzvollen Erfahrung steckst, können dir diese Schritte helfen: Beschreibe deine Situation und halte diese schriftlich fest. Liste auf, was in deinem Fall nicht passiert ist, und danke Gott. Stelle eine Liste auf mit positiven Punkten, die sich aus der Leidensphase entwickeln können. Denke über Gottes Charakter nach, indem du Bibelverse aufschreibst, die an seine Güte erinnern.

Carol Kent/Karen Lee-Thorp

21. NOVEMBER

Deine Liebe hat mir sehr viel Freude und Trost gegeben, mein Bruder.

(Philemon 7)

Wenn das Leben Löcher in den Boden unserer Tasse schießt und uns austrocknet, haben wir das Gefühl, dass wir einfach nicht genügend Leute sind, um es zu bewältigen, und wir fragen uns, ob wir überhaupt irgendjemandem nützen. Lavazza-Espresso mag bis zum letzten Tropfen gut sein, aber ich weiß, dass ich es nicht bin. Die letzten Tropfen am Grund meiner persönlichen Tasse sind gewöhnlich Mutlosigkeit und Pessimismus. Zu wissen, dass ich nicht allein bin, tröstet mich ein wenig. Warten Sie auf eine Herausforderung? Warum füllen Sie nicht heute die Tasse eines Menschen mit einem Wort des Segens?

Pam Vredevelt

22. NOVEMBER

Ebenso ist es mit der Zunge. Sie ist nur klein und bringt doch gewaltige Dinge fertig.

(Jakobus 3,5; GNB)

Das „Reden" fällt uns viel leichter als den Kerlen. Darin liegen Chancen und Gefahren. „Gewaltige Dinge" ist ja erst einmal kein Werturteil. Das kann sowohl Gutes als auch Schlechtes bedeuten, „Segen und Fluch", wie Jakobus es später ausdrückt. Wenn in unserer Zunge solche gewaltigen Möglichkeiten stecken, dann sollten wir sie mit Bedacht benutzen.

Annekatrin Warnke

23. NOVEMBER

Aber die Reichen haben viele Freunde.

(Sprüche 14,20)

Ich liebe den Gedanken, dass Gott ein Gott ist, der uns nicht nur für die Beziehung zu ihm Mut macht, sondern auch für die Beziehungen untereinander. Jesus hat uns das in seiner reichen Freundschaft mit den zwölf Jüngern vorgelebt. Ja, wir sind reich, wenn wir Freunde haben, und ich bin zutiefst überzeugt, dass Gott uns durch andere Menschen liebt, ermutigt, stärkt und trägt. Sie können für uns fast so etwas wie der Fleisch gewordene Jesus werden. Ich wünsche mir, dass wir nicht irgendwann so beschäftigt, bedrückt oder überengagiert sind, dass wir jenen Teil unserer Seele vernachlässigen, der von der Freundschaft genährt und erhalten wird.

Marilyn Meberg

24. NOVEMBER

*Ist's aber aus Gnade, so ist's nicht aus Verdienst der Werke;
sonst wäre Gnade nicht Gnade.*

(Römer 11,6; LUT)

Vertrauen bedeutet, aus Gnade statt aus Werken zu leben. Vertrauen ist vergleichbar mit der Erfahrung, eine zwanzig Meter hohe Leiter hinaufzuklettern, oben anzukommen und unten jemanden rufen zu hören: „Spring!" Der Jünger, der vertraut, hat so ein kindliches Zutrauen zu seinem liebenden Vater. Vertrauen sagt: „Abba, allein durch das, was du mir durch deinen Sohn Jesus gezeigt hast, glaube ich, dass du mich liebst. Du hast mir vergeben. Du wirst mich festhalten und niemals loslassen. Deshalb vertraue ich dir mein Leben an."

Brennan Manning

25. NOVEMBER

Meine Zeit steht in deinen Händen.
(Psalm 31,16; LUT)

Wenn ein Abschnitt unseres Lebens zu Ende geht, dann sagen viele: „Hätte ich doch nur …", oder auch: „Hätten sie doch nur …" Aber denken wir an Jesaja. Er sagt, wir sollten die Vergangenheit liegen lassen. Nach vorn sehen. Man kann es auch so sagen: „Blick nicht zurück. Dahin willst du nicht." Es ist nie zu spät, sich um die wichtigen Dinge zu kümmern. Es ist nie zu spät, etwas zu tun, was uns glücklich macht. Das Geheimnis zum richtigen Gebrauch der Zeit ist überhaupt kein Geheimnis. Es ist im Motto der Anonymen Alkoholiker zusammengefasst: „Ein Tag nach dem anderen."

Barbara Johnson

26. NOVEMBER

Herr, unser Herrscher, herrlich ist dein Name auf der Erde!

(Psalm 8,2)

In unserer gottvergessenen Zeit ist es wichtig, in unserem Alltag dem Namen Jesus die Tür zu öffnen, auch wenn das Unverständnis oder Ablehnung auslöst. Der Name Jesus muss geehrt werden. Es ist der Name des Fleisch gewordenen Wortes Gottes. In ihm wird deutlich, wer Gott ist und wie er zu uns steht. Der Name Jesus ist kein leerer Scheck, sondern ist gedeckt, unterschrieben mit dem Herzblut der Liebe Gottes. Das ist das Anliegen des Vaters: Dass Jesus geehrt wird. Und das ist das Anliegen von Jesus, dem Sohn: Dass der Vater im Himmel geehrt wird.

Roland Werner

27. NOVEMBER

Obwohl er Gott in allem gleich war und Anteil an Gottes Herrschaft hatte, bestand er nicht auf seinen Vorrechten.
(Philipper 2,6; HFA)

Jesu Entsagungen gehen ungeheuer weit. Wir glauben (er sagte es), dass er die Herrlichkeit des Himmels mit dem Elend der Welt vertauschte. Er wuchs in dem übel bekannten Flecken Nazareth auf und übte den Beruf eines Zimmermanns aus. Er ertrug die Streitlust und Begriffsstutzigkeit seiner Jünger und wusch ihnen die Füße. Er rührte Aussätzige an und ließ sich von Huren berühren. Er opferte sich auf. Er ließ sich auspeitschen und bespucken. Und bei all dem betete er für seine Peiniger: „Vater vergib ihnen." So ein Mensch sprengt unsere Begriffe.

John Stott

28. NOVEMBER

*Wir aber erwarten den neuen Himmel und
die neue Erde, die er versprochen hat.
Dort wird Gottes Gerechtigkeit herrschen.*

(2. Petrus 3,13)

Wir sind für den Himmel geschaffen, für eine neue Erde. Eines Tages werden wir sie sehen und uns ewig an ihr freuen können. Himmel – das ist der Ort, wo die Freude keine Grenzen kennt. Dort werden all die Dinge nicht mehr nach kurzer Zeit ihren Reiz verlieren oder schnell vorübergehen. Himmel – das ist unser wahres Zuhause. Gott hat uns diese Sehnsucht ins Herz gelegt. Er hat uns mit diesem Vakuum im Herzen geschaffen, das nur durch ihn selbst gefüllt werden kann. Wir sind auf ihn hin geschaffen.

Klaus-Günter Pache

29. NOVEMBER

Der Mensch urteilt nach dem, was er sieht,
doch der Herr sieht ins Herz.

(1. Samuel 16,7)

Sobald ich anfange, einen anderen Menschen mit Gottes Augen zu sehen, drängt es mich, als Teil des Leibes Christi – also als Gottes Gegenwart im Fleisch – auf ihn zuzugehen. Und was mich verändert, ändert natürlich auch den anderen. Ich fange an, meinen Nachbarn oder Verwandten anders zu behandeln, auf eine Art, die von Gottes Gnade gefärbt ist.

Philip Yancey

30. NOVEMBER

Da ist keiner, der Gutes tut, da ist auch nicht einer.
(Römer 3,12; ELB)

Herr Jesus, wir sind blöde Schafe, die dich mit unseren lächerlichen Leistungen zu bestechen versuchten. Es tut uns leid, und wir bitten dich, dass du uns vergibst. Gib uns die Gnade, dass wir uns unserer Zerbrochenheit stellen können, dass wir deine Barmherzigkeit feiern können. Schenke uns, dass wir aufhören können, groß zu tun und zu versuchen, Aufmerksamkeit zu erregen. Dass wir die Wahrheit ohne Aufhebens tun, die Unehrlichkeiten aus unserem Leben verschwinden lassen, unsere Grenzen akzeptieren, uns am Evangelium der Gnade festhalten und an deiner Liebe erfreuen.

Brennan Manning

1. DEZEMBER

Der Engel sprach zu Maria: Du wirst schwanger werden und einen Sohn gebären und er wird König sein über das Haus Jakob in Ewigkeit, und sein Reich wird kein Ende haben.
(Lukas 1,31.33; LUT)

Für Maria war es damals sicherlich nicht leicht. Als Unverheiratete war sie schwanger geworden, und das bedeutete große Schande für eine Frau. Doch anstatt sich zu beklagen und zu bemitleiden, vertraute sie Gott und seiner Verheißung. Sie sagte Ja zu ihrem wohl zunächst schweren Weg. Versuchen auch Sie heute und in dieser Adventszeit, ein Ja zu Ihren Umständen zu finden, auch wenn das sicherlich nicht immer leicht ist. Blicken Sie auf Jesus, den König, dessen Reich kein Ende haben wird!

Silke Gabrisch

2. DEZEMBER

Gideon baute dem Herrn dort einen Altar und nannte ihn „Der Herr ist Friede".
(Richter 6,24; LUT)

Nach dem Frühstück ist die Zeit, um Zeitung zu lesen. Die negativen Schlagzeilen haben eindeutig die Oberhand gegenüber den positiven und ich fühle mich niedergedrückt. Dieser Unfriede in unserer Stadt, unserem Land, in der Welt. Es bleibt mir, mich an Jahwe Shalom zu wenden: Ich sehne mich nach seiner Ruhe, nach seinem Frieden, in meinem Herzen, um diesen dann weiterzugeben in meine Familie, in unsere Stadt, ins Land und in die Welt. Ich will – eingebettet in seinem Frieden – mich den Aufgaben des Alltags, meinem Platz in der Welt stellen und in meinem Umfeld Frieden stiften.

Ute Sinn

3. DEZEMBER

*Denn ich bin nicht gekommen, Gerechte zu rufen,
sondern Sünder.*
(Matthäus 9,13; ELB)

Hier ist die Offenbarung so hell wie der Abendstern: Jesus ist für die Sünder gekommen, für solche, die so ausgestoßen sind wie die Zöllner, und solche, die in erbärmlichen Entscheidungen und gescheiterten Träumen festhängen. Er ist für Manager gekommen, für Obdachlose, Superstars, Bauern, Drogenhändler und Süchtige, für Steuerfahnder, Aids-opfer und sogar für Gebrauchtwagenhändler.

Brennan Manning

4. DEZEMBER

Er kam in die Welt, die ihm gehört, und sein eigenes Volk nahm ihn nicht auf.

(Johannes 1,11)

Vielleicht kann man den Aspekt der Benachteiligung bei der Menschwerdung Jesu am besten begreifen, wenn man sie auf heutige Verhältnisse überträgt. Eine ledige, obdachlose Mutter auf der Suche nach einer Unterkunft, während sie eine lange Reise auf sich nehmen musste, um den Steuergesetzen einer Kolonialregierung Folge zu leisten. Sie lebte in einem Land, das sich von einem heftigen Bürgerkrieg erholte und noch immer in Aufruhr war. Wie die Hälfte aller Mütter heutzutage bekam sie ihr Kind in Asien. Mit diesem Sohn floh sie nach Afrika, das bis heute der Kontinent mit den meisten Flüchtlingen ist.

Philip Yancey

5. DEZEMBER

Da erzählten die Hirten allen, was geschehen war und was der Engel ihnen über dieses Kind gesagt hatte.
(Lukas 2,17)

Weihnachten ist nicht nur ein Fest für uns Christen, es ist vor allem auch ein Fest der frohen Botschaft für diejenigen, die Jesus noch nicht kennen. Überlegen Sie heute, wie Sie jemandem die Weihnachtsbotschaft weitersagen können, und setzen Sie es auch in die Tat um. Vielleicht braucht es etwas Mut und Überwindung. Gerade in diesen Tagen ist es aber auch sehr einfach, Anknüpfungspunkte für ein Gespräch über den Glauben zu finden.

Silke Gabrisch

6. DEZEMBER

Kraft und Würde sind ihr Gewand,
und sie lacht des künftigen Tages.

(Sprüche 31,25; SCH)

Es gibt viele „Gewänder", die wir angeblich tragen sollten: Schönheit, Jugendlichkeit, Erfolg, Reichtum. Noch wichtiger scheinen die „unsichtbaren Gewänder" zu sein: Durchsetzungsvermögen, überlegenes Auftreten … Wie tröstlich ist dagegen diese liebevolle Verheißung Gottes: Er sorgt für mein Gewand, das mich vor der Härte der Welt schützt! Er kleidet mich mit Kraft, damit ich mich den Herausforderungen des Alltags stellen kann. Er kleidet mich mit Würde, die nichts mit Erfolg zu tun hat. Eine Würde als geliebtes Kind Gottes! Und Gott will mir ein unbekümmertes Herz schenken, das alle Zukunftssorgen weglacht.

Jutta Wilbertz

7. DEZEMBER

Denn ich bin der Herr, dein Gott, der deine Rechte ergreift, der zu dir spricht: Fürchte dich nicht! Ich, ich helfe dir!

(Jesaja 41,13; ELB)

Jeder von uns hat irgendetwas in seinem Leben, das zerbrochen ist, und wir müssen uns entscheiden, wie wir damit umgehen. Wir können entweder in Selbstmitleid und Trauer schwelgen, nichts unternehmen und weder Spaß noch Freude haben. Oder wir können den Beschluss fassen, dass wir einige Risiken eingehen und entdecken, welche Überraschungen Gott für uns bereithält. E. Hemingway drückt es in einem Roman so aus: „Die Welt zerbricht jeden, doch am Zerbrochensein werden viele stark." Ich möchte Sie herausfordern, eine von diesen „vielen" zu sein.

Luci Swindoll

8. DEZEMBER

*"Mir ist gegeben alle Gewalt im Himmel und auf Erden.
Darum gehet hin und machet zu Jüngern alle Völker …"*
(Matthäus 28,18–19; LUT)

Jesus, wie hast du es gewagt, diesen Jüngern so einen Befehl zu geben? Es steht geschrieben, einige zweifelten, als sie dir auf dem Berg in Galiläa begegneten. Hättest du dir nicht lieber andere Menschen aussuchen sollen? Menschen mit einem einwandfreien Vorleben, die einen starken Glauben vorweisen konnten, die nie an eigenen Vorteil denken würden? Wäre es nicht besser gewesen, du hättest einen anderen Weg gesucht, um den Menschen dein Evangelium zu verkündigen? Du hast es aber gewagt, zuerst mit diesen wenigen, heute mit uns – mit mir.

Marit Studer

9. DEZEMBER

*Ich habe mich sehr gefreut und bin dem Herrn von Herzen
dankbar, dass es euch wieder möglich war,
mich finanziell zu unterstützen.*
(Philipper 4,10; HFA)

Wenn das Geld heute auch in den Gemeinden knapper wird und manches unter Umständen nicht mehr bezahlt werden kann, das Opfer für die Weltmission darf darunter nicht leiden. Paulus freut sich, weil die Opferbereitschaft der Christen in Philippi ein Zeichen ist, dass ihr Glaube Frucht trägt. Wer begriffen hat, wie reich Gott ihn durch Jesus beschenkt hat, der möchte gern seine Dankbarkeit zeigen. Mitzuhelfen, dass die gute Nachricht von Jesus der ganzen Welt weitergesagt wird, ist eine gute Möglichkeit, Gott zu danken.

Brunhilde Blunck

10. DEZEMBER

Gedenkt an den [Jesus] …, damit ihr nicht matt werdet und den Mut nicht sinken lasst!
(Hebräer 12,3; LUT)

Wird Ihre To-do-Liste auch von Minute zu Minute länger? Übersteigen die anstehenden Aufgaben einfach Ihre Kräfte? Fühlen Sie sich völlig überlastet? Zu müde oder gereizt, um zu beten? Ist es Ihnen peinlich, um Hilfe zu bitten? Dann darf ich Sie vielleicht dazu ermutigen, Ihre Unabhängigkeit aufzugeben und auf den zu blicken, der sich danach sehnt, dass Sie sich zuversichtlich seinem Thron der Gnade nähern. Ich denke, Sie werden das Ergebnis lohnend finden.

Pam Vredevelt

11. DEZEMBER

Aber die ganze Schöpfung hofft auf den Tag, an dem sie von Tod und Vergänglichkeit befreit wird zur herrlichen Freiheit der Kinder Gottes.

(Römer 8,21-22)

Er war Gottes Sohn – und gab alles auf. Der Herr allen Lebens ging in den Tod. Sein Beispiel vor Augen lasse ich los, was ich festhalten möchte. Ich gewinne die Freiheit der Kinder Gottes, die wissen, dass ihnen in Jesus der Himmel gehört. Nehme ich den Mund hier nicht etwas zu voll? Vergesse ich in der entsprechenden Situation diese Gedanken nicht schnell? Ja, immer wieder muss ich mich entscheiden, ob ich als Schnäppchenjägerin am Grabbeltisch des irdischen Lebens, gierig nach Vorteilen für mich, nach scheinbar Unentbehrlichem grabschen oder als Beschenkte am Gabentisch Gottes sitzen will.

Luise Korte

12. DEZEMBER

Gott sandte seinen Sohn nicht in die Welt, um sie zu verurteilen, sondern um sie durch seinen Sohn zu retten.
(Johannes 3,17)

Häufig sind wir in der Adventszeit vor allem auch damit beschäftigt, unseren eigenen Ansprüchen oder denen anderer zu entsprechen. Wir haben ein Bild vom perfekten Weihnachten vor Augen und vergessen vor lauter Tun und Machen schnell, um was es wirklich geht. Wo sind Sie nur mit Äußerlichkeiten beschäftigt, damit, bei anderen einen guten Eindruck zu hinterlassen, eine schöne Fassade zu bewahren? Denken Sie darüber nach und beginnen Sie heute damit, die Dinge so zu machen, wie sie es wirklich wollen. Versuchen Sie dabei auch, weniger streng mit sich selbst zu sein und Ihre eigenen Ansprüche herunterzuschrauben.

Silke Gabrisch

13. DEZEMBER

„Betet für die, die euch verfolgen."
(Matthäus 5,44)

1991 besuchte ich auf einer Reise nach Russland eine Gruppe von Christen, die mit KGB-Offizieren beteten. „Wir haben Sie eingeladen, weil wir die Bedeutung des Wortes Buße lernen müssen", erklärte der Offizier. Nach unserem Besuch ließ er unter den Soldaten zwei Millionen Exemplare des Neuen Testamentes verteilen. Ich schämte mich, als mir dämmerte, dass ich während des Kalten Krieges nicht ein Mal für die Führer Russlands gebetet hatte. Ich hatte sie als Feinde betrachtet, aber ich hatte sie nie Gott hingelegt. Was könnte wohl geschehen, wenn jede Gemeinde anfangen würde, für eines der Mitglieder der Terrorgruppe Al-Qaida zu beten?

Philip Yancey

14. DEZEMBER

„Weide meine Lämmer."

(Johannes 21,15)

Auch wenn Christus nicht mehr sichtbar unter uns ist, dienen wir ihm in den Außenseitern und Armen in unserer Nähe. Auch jede Begegnung mit einem Bruder oder einer Schwester ist eine geheimnisvolle Begegnung mit Jesus selbst. Jesus erklärte auch die Spielregeln der Dankbarkeit: „Liebt einander, wie ich euch geliebt habe." Zu Petrus sagt er am Ufer des Sees Tiberias: „Simon, Sohn des Johannes, hast du mich lieb?" Petrus antwortet: „Ja, Herr, du weißt, dass ich dich lieb habe." Spricht Jesus zu ihm: „Weide meine Lämmer."

Brennan Manning

15. DEZEMBER

„Wäre er wirklich von Gott gesandt, dann wüsste er, was für eine Frau ihn da berührt. Eine Sünderin!"

(Lukas 7,39)

Jesus hatte ein Herz, das in Gnade fest war. Deshalb konnte er mitten unter den Menschen sein, ihre Gegenwart genießen, ihre Feiern mitfeiern – zum absoluten Entsetzen der Menschen, die ihr Herz durch Distanz und fromme Regeln zu schützen versuchten (z. B. die Pharisäer). Und er ist auch in der Lage, mein Herz so mit seiner Gnade zu füllen, dass die einschränkenden und lebens- und begegnungshemmenden Pharisäer in mir zunehmend entmachtet werden.

Birgit Schilling

16. DEZEMBER

Denkt daran, dass Christus als ein Diener zu den Juden kam, um damit die Zusagen Gottes wahr zu machen.

(Römer 15,8)

Jesus ist unter uns wie ein Diener; er will uns das Leben leichter und nicht noch schwerer machen. Dieser Dienersinn bestimmte das Leben Jesu von seinem ersten Atemzug in einem jämmerlichen Stall bis zu seinem letzten auf einem Kehrichthügel vor Jerusalem. Nicht ein einziges Mal gab er den Drohungen und Lockungen der Macht nach. Darum strahlt er auch eine so unwiderstehliche Freiheit aus – eine Freiheit von Machtgier und Dominanz, in der Menschen ihr Haupt erheben und Dinge tun können, die sie vorher nie gewagt hätten.

Magnus Malm

17. DEZEMBER

„Meine liebe Marta, du sorgst dich um so viele Kleinigkeiten!"
(Lukas 10,41)

Ebenso wie im Fall von Marta und Maria kann der Herr Jesus auch uns heute mit einem spontanen Besuch überraschen. Es ist wichtig, dass wir eine Antenne dafür entwickeln, damit wir merken, wenn er bei uns anklopft. Es ist wichtig, dass wir dann flexibel genug sind und ihm Raum geben. Dass wir in dem Moment, wenn er uns beim Namen ruft, nicht mit einem „Nicht jetzt, Herr. Ich bin voll im Stress!" reagieren, sondern dass wir wie der junge Samuel damals unsere Ohren spitzen und sagen: „Rede, Herr, denn dein Knecht hört!"

Noor van Haaften

18. DEZEMBER

*"Ich aber bin gekommen, um ihnen das Leben
in ganzer Fülle zu schenken."*

(Johannes 10,10)

Jesus ist unser Ziel. Nicht Leiden an sich, nicht die Kreuzerfahrung an sich, aber auch nicht das Erleben der Kraft Gottes an sich ist endgültiges Ziel für uns Christen. Es geht immer um Jesus. Um die Identifikation mit ihm, um das Nachbuchstabieren seiner Botschaft, das Nachstolpern seines Weges. Diese Gemeinschaft mit dem Gekreuzigten ist ein Ziel, das wert ist, dass wir unser ganzes Sein darauf ausrichten. Denn hier, in der Erfahrung dieser Gemeinschaft, ist das wahre Leben zu finden.

Roland Werner

19. DEZEMBER

„… dann lasst euer Opfer vor dem Altar liegen, geht zu dem Betreffenden und versöhnt euch."

(Matthäus 5,24)

Ein Pastor erzählte, dass er viele Jahre um Erweckung flehte, aber nichts geschah. Schließlich rief er die Gemeinde zusammen: „Es ist an Ihnen, über Ihr Verhältnis zu Gott nachzudenken." Da stand ein Ältester auf: „Ich wundere mich nicht, dass es keine Erweckung gibt. Es wird so lange keine geben, bis Bruder Müller und ich wieder miteinander reden. Vergeben Sie mir. 10 Jahre haben wir nicht gesprochen. Schließen wir doch Frieden." Während der nächsten 20 Minuten erhob sich einer nach dem anderen und brachte Dinge mit Gott in Ordnung. Dann kam der Geist Gottes herab. Die Erweckung war da.

Klaus-Günter Pache

20. DEZEMBER

Ich aber bin aufrichtig und ehrlich, deshalb rette mich und sei barmherzig.

(Psalm 26,11)

Vielleicht fällt es Ihnen schwer, diese Adventszeit zu genießen, sich auf Weihnachten zu freuen. Vielleicht ist auch Ihre Beziehung zu Gott angeschlagen und es fällt Ihnen schwer, ihm zu vertrauen und an sein Wort zu glauben. Doch auch das dürfen Sie Jesus bringen: Er will nicht nur unsere frommen Worte hören, unser Lob und unsere Anbetung; er kommt auch damit zurecht, wenn wir ihm unsere Zweifel, unsere Wut und unsere Fragen bringen. Seien Sie ehrlich vor sich und Gott, und lassen Sie sich von ihm dort abholen, wo Sie gerade stehen!

Silke Gabrisch

21. DEZEMBER

Seid freundlich und mitfühlend zueinander und vergebt euch gegenseitig, wie auch Gott euch durch Christus vergeben hat.

(Epheser 4,32)

Als mein dritter Sohn, Larry, erklärte, er sei homosexuell, hatte ich das Gefühl, ich müsste den Verstand verlieren. Als Larry sich schließlich wieder Gott zuwandte, sprachen wir in einer Radiosendung über Larrys Geschichte. Und Larry sagte: „Wenn wir als Christen in unserem Herzen danach streben, in allem, was wir tun, freundlich und hilfsbreit zu sein, uns nicht zum Richter aufzuspielen und echte Gottesfurcht zu lernen, dann bin ich sicher, dass die Liebe Christi unsere ungläubige Welt erreichen und im Leben der Menschen Heilung und Erneuerung bewirken kann."

Barbara Johnson

22. DEZEMBER

Das Licht scheint in der Dunkelheit,
und die Dunkelheit konnte es nicht auslöschen.
(Johannes 1,5)

Kurz vor Weihnachten gehe ich in den Blumenladen und bestelle Christrosen. Und die Azubi-Floristin fragt: „Und wieso heißt die Blume jetzt so wie dieser Christus?" Ich sage: „Ich könnte lange über Christus reden. Aber die Blumen sind wohl eher dein Gebiet." Da wird sie ganz still; guckt ganz anders und meint ernst: „Weißt du, wenn ich diese Blume sehe, dann könnte ich immer fast weinen. Weil, wenn es draußen ganz kalt ist und der Boden hart, dann wächst die immer noch. Und wenn nichts mehr blüht, kurz vor Weihnachten, dann blüht die als Einzige. Wie so'n Lebenszeichen. Passt das irgendwie?"

Christina Brudereck

23. DEZEMBER

*Ich aber bin wie ein Olivenbaum, der im Hause Gottes
gepflanzt ist. Ich verlasse mich für immer auf Gottes Gnade.
Gott, ewig will ich dir für alles, was du getan hast, danken.*
(Psalm 52,10-11)

Je tiefer wir uns vom Geist Christi prägen lassen, desto mehr merken wir, dass alles im Leben Geschenk ist. Der Grundton unseres Lebens wird ein bescheidenes, freudiges Danken. Das Wissen um unsere Armut und Unfähigkeit bringt uns dazu, uns über das Geschenk zu freuen, dass wir aus der Finsternis heraus in das wunderbare Licht berufen sind und ins Reich von Gottes geliebtem Sohn versetzt werden.

Brennan Manning

24. DEZEMBER

Auf einmal war der Engel von den himmlischen Heerscharen umgeben, und sie alle priesen Gott mit den Worten: „Ehre sei Gott im höchsten Himmel und Frieden auf Erden für alle Menschen, an denen Gott Gefallen hat."

(Lukas 2,13-14)

Heute ist Weihnachten! Lesen Sie heute in Ruhe die gesamte Geschichte von Jesu Geburt (Lukas 2,1-20). Lassen Sie sie wie einen Film vor Ihrem inneren Auge vorbeiziehen und stellen Sie sich vor, Sie wären selbst dabei gewesen!

Silke Gabrisch

25. DEZEMBER

„Ich habe euch lieb", spricht der Herr.
(Maleachi 1,2; LUT)

Jeden Menschen, auch den Kleinsten, sieht Gott so an, als wäre er seine einzige Sorge. Ich bin bestens behütet in Gottes guter Hand, weil er mich liebt. Kein Mensch auf dieser Erde ist überflüssig, keiner ist umsonst auf Erden. Gott hat jeden Einzelnen auf den Platz gestellt, den er gerade ausfüllt – und Gott hat ihn lieb.

Ilona Sander

26. DEZEMBER

Die Liebe erträgt alles, verliert nie den Glauben, bewahrt stets die Hoffnung und bleibt bestehen, was auch geschieht..
(1. Korinther 13,7)

Mir wird bewusst, dass alles, was ich aus Liebe tue, vor Gott einen Ewigkeitswert hat. Und dass Liebe, die ich tagtäglich investiere – auch wenn sie nicht erwidert wird –, bei Gott ankommt und für alle Zeiten besteht. Gott schaut mein Herz an. Ich bin vielleicht enttäuscht, weil ich mich ganz gegeben habe in Gemeinde, Familie oder Beruf und kaum einer mir je gedankt hat. Aber ich kann wissen, dass Gott das alles wahrgenommen hat und dass Liebe bleibt! Diese biblische Zusage ist kein billiger Trost, sondern eine Tatsache, die mir über Enttäuschungen weghilft.

Jutta Scherle

27. DEZEMBER

Nach dem Sturm bebte die Erde, doch der Herr war nicht im Erdbeben. Und nach dem Erdbeben kam ein Feuer, doch der Herr war nicht im Feuer. Und nach dem Feuer ertönte ein leises Säuseln.

(1. Könige 19,11-12)

Gott redet meistens nicht mit einer gewaltigen Donnerstimme, sondern eher mit leisem Flüstern. Es ist so leicht, dieses Flüstern in der Geschäftigkeit des Lebens zu überhören. H. Nouwen bringt es auf den Punkt: „Wenn wir wirklich glauben, dass Gott nicht bloß existiert, sondern auch aktiv in unserem Leben anwesend ist, dass er uns heilt, belehrt und führt, dann müssen wir auch unbedingt eine Zeit und einen Raum vorsehen, wo wir ihm unsere ungeteilte Aufmerksamkeit schenken."

Birgit Schilling

28. DEZEMBER

Unser Bürgerrecht aber haben wir im Himmel. Von dort erwarten wir auch Jesus Christus, unseren Retter!
(Philipper 3,20; eigene Übersetzung)

Was ist passiert, dass uns der Himmel nicht wirklich zu interessieren scheint? Fast scheint es mir, dass junge Leute darüber noch unbefangener reden als alte. Vielleicht liegt es daran, dass er für sie noch in weiter Ferne liegt. Wenn ich die Sehnsucht ernst nehme, wenn ich dem Wort Gottes vertraue, wenn ich Jesus glaube, dann ist diese Welt nicht alles. Und darüber sollten wir sprechen.

Klaus-Günter Pache

29. DEZEMBER

Eure Liebe zueinander wird der Welt zeigen, dass ihr meine Jünger seid.

(Johannes 13,35)

Welch enormes Potenzial für Heilung liegt in unseren Gemeinden! Wenn wir Christen unseren verlorenen Brüdern und Schwestern mit Warmherzigkeit, Liebe, Empathie und einer Einstellung, die niemals verurteilend ist, begegnen, so kann dies wie ein Katalysator für die heilende Kraft Jesu im Leben dieser Menschen wirken. Ein solcher gelebter Glaube ist – gleichsam der Tischgemeinschaft Jesu mit den Sündern – eine Quelle der Heilung für die ganze Gemeinschaft der Christen.

Brennan Manning

30. DEZEMBER

„Und nun werde ich euch den Heiligen Geist senden."

(Lukas 24,49)

Wisst ihr es, meine Freunde, dass der Geist in euch der wahrhaftige Gott ist? Dass doch unsre Augen geöffnet würden und wir die Größe der Gabe Gottes erkennten! Dass wir die unermesslichen Möglichkeiten sähen, deren wir teilhaftig wurden! Ich möchte bei dem Gedanken jauchzen: Der Geist in mir ist eine lebendige Person. Er ist Gott. Der ewige Gott ist in meinem Herzen! Ich weiß nicht, wie ich die Herrlichkeit dieser Entdeckung mitteilen soll. Ich kann nur immer wieder sagen: Er ist eine Person! Ich selbst bin nur ein irdenes Gefäß, aber ich berge einen Schatz von unsagbarem Wert: den Herrn der Herrlichkeit.

Watchman Nee

31. DEZEMBER

*Sie werden nie wieder hungern oder Durst leiden,
und sie werden vor der brennenden Sonne und jeder
Gluthitze geschützt sein.*

(Offenbarung 7,16)

Als Jesus auf der Erde lebte, heilte er Blinde und Gelähmte. Er wird wiederkehren, um in einem Reich zu herrschen, in dem es keine Krankheiten oder Behinderungen gibt. Auf der Erde ist er gestorben und wieder auferstanden. Bei seiner Wiederkunft wird es keinen Tod mehr geben. Auf der Erde trieb er Dämonen aus, aber bei seiner Wiederkunft wird er den Widersacher vernichten. Auf der Erde wurde er als Säugling in eine Krippe gelegt, aber wiederkehren wird er als ein strahlendes, herrliches Wesen.

Philip Yancey

QUELLENHINWEISE

1. Januar
Eggers, Christel, aus: Christel Eggers (Hrsg.): Alle Farben deiner Freude. Das JOYCE-Andachtsbuch. © 2006 SCM R.Brockhaus im SCM-Verlag GmbH & Co. KG, Witten, Seite 331.

2. Januar
Haaften, Noor van: Deine Liebe lässt mich staunen. Das Aufatmen-Andachtsbuch. © 2006 SCM R.Brockhaus im SCM-Verlag GmbH & Co. KG, Witten.

3. Januar
Bolay, Birgit, aus: Christel Eggers (Hrsg.): Alle Farben deiner Freude. Das JOYCE-Andachtsbuch. © 2006 SCM R.Brockhaus im SCM-Verlag GmbH & Co. KG, Witten, Seite 37.

4. Januar
Hybels, Bill, aus: ders.: Gott dienen, ohne auszubrennen. Aufatmen Inspiration © 2001 SCM R.Brockhaus im SCM-Verlag GmbH & Co. KG, Witten 2001, Seite 30f.

5. Januar
Eichler, Astrid, aus: Christel Eggers: Alle Farben deiner Freude. Das JOYCE-Andachtsbuch. © 2006 SCM R.Brockhaus im SCM-Verlag GmbH & Co. KG, Witten, Seite 159.

6. Januar
Manning, Brennan: Der Blick, der dich heilt. © 2005 SCM R.Brockhaus im SCM-Verlag GmbH & Co. KG, Witten, Seite 114.

7. Januar
Kent, Carol & Karen Lee-Thorp: Wieder neues Selbstvertrauen gewinnen. Edition JOYCE Schritte gehen. © 2003 SCM R.Brockhaus im SCM-Verlag GmbH & Co. KG, Witten, Seite 60.

8. Januar
Blunck, Brunhilde, aus: Christina Rosemann (Hrsg.): Alle Zeichen deiner Liebe. Das JOYCE-Andachtsbuch. © 2007 SCM R.Brockhaus im SCM-Verlag GmbH & Co. KG, Witten, Seiten 97.

9. Januar
Manning, Brennan: Bettler an Gottes Tür. © 2001 SCM R.Brockhaus im SCM-Verlag GmbH & Co. KG, Witten, Seiten 45-46.

10. Januar
Yancey, Philip: Beten. © 2007 SCM R.Brockhaus im SCM-Verlag GmbH & Co. KG, Witten, Seite 69.

11. Januar
Pache, Klaus-Günter: Den Himmel erobern. © 2006 SCM R.Brockhaus im SCM-Verlag GmbH & Co. KG, Witten, Seite 45.

12. Januar
Dziewas, Dorothee: Kaffeepause für die Seele. © 2004 SCM Collection im SCM R.Brockhaus im SCM-Verlag GmbH & Co. KG, Witten, Seite 63.

13. Januar
Manning, Brennan: Weil uns Gott unendlich liebt. © 2004 SCM R.Brockhaus im SCM-Verlag GmbH & Co. KG, Witten, Seiten 7-8.

14. Januar
Haaften, Noor van: In Freiheit leben, © 2004 SCM R.Brockhaus im SCM-Verlag GmbH & Co. KG, Witten.

15. Januar
Johnson, Barbara, aus: Patsy Clairmont & Barbara Johnson & Marilyn Meberg & Luci Swindoll: Freudensprünge. 90 geistliche Impulse für Frauen. © 2000 SCM Collection im SCM R.Brockhaus im SCM-Verlag GmbH & Co. KG, Witten, Seiten 166-168.

16. Januar
Bell, Rob: Im Staub des Rabbis laufen, Aufatmen 2/2005.

17. Januar
Brudereck, Christina, aus: Christel Eggers (Hrsg.): Frausein mit Vision. © 2005 SCM R.Brockhaus im SCM-Verlag GmbH & Co. KG, Witten, Seiten 169-170.

18. Januar
Hinz, Tamara: Katastrophen-Glück. © 2006 SCM R.Brockhaus im SCM-Verlag GmbH & Co. KG, Witten.

19. Januar
Boom, Corrie ten: Denn du bist bei mir, © 19973 SCM R.Brockhaus im SCM-Verlag GmbH & Co. KG, Witten, Seite 10.

20. Januar
Schilling, Birgit: Heimweh nach Gottes Stimme. In: Stille Zeit im Auto. Aufatmen Hörbuch Folge 7. © 2008 SCM ERF-Verlag im SCM Verlag, Witten.

21. Januar
Emptmeyer, Ines, aus: Christel Eggers (Hrsg.): Alle Farben deiner Freude. Das JOYCE-Andachtsbuch. © 2006 SCM R.Brockhaus im SCM-Verlag GmbH & Co. KG, Witten, Seite 128.

22. Januar
Werner, Roland: Provokation Kreuz. © 2005 SCM Hänssler im SCM-Verlag GmbH & Co. KG, Holzgerlingen, Seite 104.

23. Januar
Manning, Brennan: Der Blick, der dich heilt. © 2005 SCM R.Brockhaus im SCM-Verlag GmbH & Co. KG, Witten, Seite 63.

24. Januar
Yancey, Philip: Quelle unbekannt.

25. Januar
Hoffmann-Rothe, Maren, aus: Christel Eggers (Hrsg.): Alle Farben deiner Freude. Das JOYCE-Andachtsbuch. © 2006 SCM R.Brockhaus im SCM-Verlag GmbH & Co. KG, Witten, Seite 5.

26. Januar
Smith, James: Dass Gott mich wirklich liebt. © 2002 SCM R.Brockhaus

QUELLENHINWEISE

im SCM-Verlag GmbH & Co. KG, Witten.

27. Januar
Heidelberger, Hans: Lebensfreude, Aufatmen 3/2003, S. 13 © beim Autor.

28. Januar
Hausding, Christel, aus: Christel Eggers (Hrsg.): Alle Farben deiner Freude. Das JOYCE-Andachtsbuch. © 2006 SCM R.Brockhaus im SCM-Verlag GmbH & Co. KG, Witten, Seite 172.

29. Januar
Sinn, Ute, aus: Christina Rosemann (Hrsg.): Alle Zeichen deiner Liebe. Das JOYCE-Andachtsbuch. © 2007 SCM R.Brockhaus im SCM-Verlag GmBH & Co. KG, Witten, Seite 75.

30. Januar
Yancey, Philip: Beten. © 2007 SCM R.Brockhaus im SCM-Verlag GmbH & Co. KG, Witten, Seite 102.

31. Januar
Johnson, Barbara, aus: Patsy Clairmont & Barbara Johnson & Marilyn Meberg & Luci Swindoll: Freudensprünge. 90 geistliche Impulse für Frauen. © 2000² SCM Collection im SCM-Verlag GmbH & Co. KG, Seite 115.

1. Februar
Kent, Carol & Karen Lee-Thorp: Wichtige Entscheidungen treffen. Edition JOYCE Schritte gehen. © 2003 SCM R.Brockhaus im SCM-Verlag GmbH & Co. KG, Witten, Seite 28.

2. Februar
Vredevelt, Pam: Espresso für die Seele. Was Sie anregt und auf gute Gedanken bringt. © 2005 SCM Collection im SCM-Verlag GmbH & Co. KG, Witten, Seite 14.

3. Februar
Manning, Brennan: Der Blick, der dich heilt. © 2005 SCM R.Brockhaus im SCM-Verlag GmbH & Co. KG, Witten, Seite 31.

4. Februar
Dziewas, Dorothee: Kaffeepause für die Seele. © 2004 SCM Collection im SCM Verlag GmbH & Co. KG, Wuppertal, Seite 38.

5. Februar
Yancey, Philip: Beten. © 2007 SCM R.Brockhaus im SCM-Verlag GmbH & Co. KG, Witten, Seite 21.

6. Februar
Bolay, Birgit, aus: Christel Eggers (Hrsg.): Alle Farben deiner Freude. Das JOYCE-Andachtsbuch. © 2006 SCM R.Brockhaus im SCM-Verlag GmbH & Co. KG, Witten, Seite 33.

7. Februar
Völkel, Arne, aus: ders.: Weil die Brücke wirklich trägt. Aufatmen © 1999 SCM R.Brockhaus im SCM-Verlag GmbH & Co. KG, Witten, S. 38f.

8. Februar
Lenzen, Christof: Gott sinnlich erfahren, Aufatmen 4/2005. © Bundes-Verlag, Witten.

9. Februar
Hallesby, Ole: Vom Beten, © 2000³⁰ SCM R.Brockhaus im SCM-Verlag GmbH & Co. KG, Witten, Seite 103.

10. Februar
Yancey, Philip: Beten. © 2007 SCM R.Brockhaus im SCM-Verlag GmbH & Co. KG, Witten, Seiten 259-262.

11. Februar
Kent, Carol & Karen Lee-Thorp: Innere Balance finden. Edition JOYCE Schritte gehen. © 2003 SCM R.Brockhaus im SCM-Verlag GmbH & Co. KG, Witten, Seite 72.

12. Februar
MacDonald, Gordon, aus: Deine Liebe lässt mich staunen. Das Aufatmen-Andachtsbuch. © 2006 SCM R.Brockhaus im SCM-Verlag GmbH & Co. KG, Witten (27. Juli).

13. Februar
Boom, Corrie ten: Viele Fragen – nur eine Antwort. © 1997¹³ SCM R.Brockhaus im SCM-Verlag GmbH & Co. KG, Witten, Seite 21.

14. Februar
Manning, Brennan: Der Blick, der dich heilt. © 2005 SCM R.Brockhaus im SCM-Verlag GmbH & Co. KG, Witten, Seite 119.

15. Februar
Hession, Roy: Wir möchten Jesus sehen. © 2001⁵ SCM R.Brockhaus im SCM-Verlag GmbH & Co. KG, Witten, Seite 107.

16. Februar
Eggers, Christel, aus: Christel Eggers (Hrsg.): Alle Farben deiner Freude. Das JOYCE-Andachtsbuch. © 2006 SCM R.Brockhaus im SCM-Verlag GmbH & Co. KG, Witten, Seite 328.

17. Februar
Nouwen, Henri, aus ders.: Die innere Stimme der Liebe, aus dem Amerikanischen von Franz Johna © Verlag Herder GmbH, Freiburg im Breisgau, 14. Auflage 2009, Seite 28.

18. Februar
Yancey, Philip: Gott findet uns, wo wir ihn nicht suchen. © 2003 SCM R.Brockhaus im SCM-Verlag GmbH & Co. KG, Witten, Seiten 176-177.

19. Februar
Pflüger, Margit, aus: Christel Eggers (Hrsg.): Alle Farben deiner Freude. Das JOYCE-Andachtsbuch. © 2006 SCM R.Brockhaus im SCM-Verlag GmbH & Co. KG, Witten, Seite 77.

20. Februar
Kent, Carol & Karen Lee-Thorp: Wieder neues Selbstvertrauen gewinnen. Edition JOYCE Schritte gehen. © 2003 SCM R.Brockhaus im SCM-Verlag GmbH & Co. KG, Witten, Seite 31.

QUELLENHINWEISE

21. Februar
Malm, Magnus: Abschied von Babel. © 2002 SCM R.Brockhaus im SCM-Verlag GmbH & Co. KG, Witten, Seite 215.

22. Februar
Meberg, Marilyn, aus: Patsy Clairmont & Barbara Johnson & Marilyn Meberg & Luci Swindoll: Freudensprünge. 90 geistliche Impulse für Frauen. © 2000² SCM Collection im SCM-Verlag GmbH & Co. KG, Witten, Seiten 126-127.

23. Februar
Hauer, Ursula, aus: Christina Rosemann (Hrsg.): Alle Zeichen deiner Liebe. Das JOYCE-Andachtsbuch. © 2007 SCM R.Brockhaus im SCM-Verlag GmbH & Co. KG, Witten, Seite 114.

24. Februar
Manning, Brennan: Der Blick, der dich heilt. © 2005 SCM R.Brockhaus im SCM-Verlag GmbH & Co. KG, Witten, Seite 14.

25. Februar
Eichler, Astrid, aus: Christel Eggers (Hrsg.): Alle Farben deiner Freude. Das JOYCE-Andachtsbuch. © 2006 SCM R.Brockhaus im SCM-Verlag GmbH & Co. KG, Witten, Seite 161.

26. Februar
Vredevelt, Pam: Espresso für die Seele. Was Sie anregt und auf gute Gedanken bringt. © 2005 SCM Collection im SCM-Verlag GmbH & Co. KG, Witten, Seite 190.

27. Februar
Manning, Brennan: Der Blick, der dich heilt. © 2005 SCM R.Brockhaus im SCM-Verlag GmbH & Co. KG, Witten.

28. Februar
Chambers, Oswald, in: James R. Adair & Harry Verploegh (Hrsg.): Mit Oswald Chambers durch das Neue Testament. © 2005 SCM Hänssler im SCM-Verlag GmbH & Co. KG, Holzgerlingen.

29. Februar
Ortberg, John, aus: Gottes Spuren entdecken. Das Aufatmen-Andachtsbuch. © 2004 SCM R.Brockhaus im SCM-Verlag GmbH & Co. KG, Witten (14. März).

1. März
Kent, Carol & Karen Lee-Thorp: Wichtige Entscheidungen treffen. Edition JOYCE Schritte gehen. © 2003 SCM R.Brockhaus im SCM-Verlag GmbH & Co. KG, Witten, Seite 17.

2. März
Vollmer, Elisabeth, aus: Christel Eggers (Hrsg.): Alle Farben deiner Freude. Das JOYCE-Andachtsbuch. © 2006 SCM R.Brockhaus im SCM-Verlag GmbH & Co. KG, Witten, Seite 264.

3. März
Assmann, Marion, aus: Christel Eggers (Hrsg.): Alle Farben deiner Freude. Das JOYCE-Andachtsbuch. © 2006 SCM R.Brockhaus im SCM-Verlag GmbH & Co. KG, Witten, Seite 60.

4. März
Manning, Brennan: Der Blick, der dich heilt. © 2005 SCM R.Brockhaus im SCM-Verlag GmbH & Co. KG, Witten, Seite 56.

5. März
Vredevelt, Pam: Espresso für die Seele. Was Sie anregt und auf gute Gedanken bringt. © 2005 SCM Collection im SCM-Verlag GmbH & Co. KG, Witten, Seite 30.

6. März
Illgen, Hannelore, aus: Christina Rosemann (Hrsg.): Alle Zeichen deiner Liebe. Das JOYCE-Andachtsbuch. © 2007 SCM R.Brockhaus im SCM-Verlag GmbH & Co. KG, Witten, Seite 173.

7. März
Appel, Gene: Gemeinde verändern, aber wie?, Aufatmen 03/2003. © Bundes-Verlag, Witten.

8. März
Manning, Brennan: Der Blick, der dich heilt. © 2005 SCM R.Brockhaus im SCM-Verlag GmbH & Co. KG, Witten, Seite 21.

9. März
Clairmont, Patsy, aus: Patsy Clairmont & Barbara Johnson & Marilyn Meberg & Luci Swindoll: Freudensprünge. 90 geistliche Impulse für Frauen. © 2000² SCM Collection im SCM-Verlag GmbH & Co. KG, Witten, Seiten 280-281.

10. März
Yancey, Philip: Beten. © 2007 SCM R.Brockhaus im SCM-Verlag GmbH & Co. KG, Witten, Seite 27.

11. März
Thomas, Gary L.: Heiliger Einfluss. © 2008 SCM R.Brockhaus im SCM-Verlag GmbH & Co. KG, Witten, Seite 21.

12. März
Foster, Richard, aus: In Gottes Liebe wohnen. Aufatmen-Andachtsbuch. © 2005 SCM R.Brockhaus im SCM-Verlag GmbH & Co. KG, Witten.

13. März
Kent, Carol & Karen Lee-Thorp: Wichtige Entscheidungen treffen. Edition JOYCE Schritte gehen. © 2003 SCM R.Brockhaus im SCM-Verlag GmbH & Co. KG, Witten, Seite 71.

14. März
Clairvaux, Bernhard von, in: Jean Leclercq (Hrsg.): Bernhard von Clairvaux – Die Botschaft der Freude. © Benziger Verlag, Zürich, Einsiedeln, Köln 1977, Seite 62.

15. März
Eggers, Christel, aus: Christel Eggers (Hrsg.): Alle Farben deiner Freude.

QUELLENHINWEISE

Das JOYCE-Andachtsbuch. © 2006 SCM R.Brockhaus im SCM-Verlag GmbH & Co. KG, Witten, Seite 335.

16. März
Thielicke, Helmut: Das Bilderbuch Gottes. © Quell Verlag, Stuttgart 1991[6].

17. März
Malm, Magnus: Abschied von Babel. © 2002 SCM R.Brockhaus im SCM-Verlag GmbH & Co. KG, Seiten 174-175.

18. März
Manning, Brennan: Der Blick, der dich heilt. © 2005 SCM R.Brockhaus im SCM-Verlag GmbH & Co. KG, Witten, Seite 92.

19. März
Wilbertz, Jutta, aus: Christina Rosemann (Hrsg.): Alle Zeichen deiner Liebe. Das JOYCE-Andachtsbuch. © 2007 SCM R.Brockhaus im SCM-Verlag GmbH & Co. KG, Witten, Seite 194.

20. März
Vollmer, Elisabeth, aus: Christel Eggers (Hrsg.): Alle Farben deiner Freude. Das JOYCE-Andachtsbuch. © 2006 SCM R.Brockhaus im SCM-Verlag GmbH & Co. KG, Witten, Seite 261.

21. März
Heidelberger, Hans: Lebensfreude, Aufatmen 3/2003, Seite 13 © beim Autor.

22. März
Vredevelt, Pam: Espresso für die Seele. Was Sie anregt und auf gute Gedanken bringt. © 2005 SCM Collection im SCM-Verlag GmbH & Co. KG, Witten, Seite 176.

23. März
Malm, Magnus: Abschied von Babel. © 2002 SCM R.Brockhaus im SCM-Verlag GmbH & Co. KG, Witten.

24. März
Strauch, Peter: Entdeckungen in der Einsamkeit. © 1997[11] SCM R.Brockhaus im SCM-Verlag GmbH & Co. KG, Witten.

25. März
Boom, Corrie ten: Jesus ist Sieger. © 1988[6] SCM R.Brockhaus im SCM-Verlag GmbH & Co. KG, Witten.

26. März
Saint-Exupéry, Antoine: Quelle unbekannt.

27. März
Neumaier, Gudrun, aus: Christel Eggers (Hrsg.): Alle Farben deiner Freude. Das JOYCE-Andachtsbuch. © 2006 SCM R.Brockhaus im SCM-Verlag GmbH & Co. KG, Witten, Seite 366.

28. März
Heinemann, Anna-Maria, aus: Christina Rosemann (Hrsg.): Alle Zeichen deiner Liebe. Das JOYCE-Andachtsbuch. © 2007 SCM R.Brockhaus im SCM-Verlag GmbH & Co. KG, Witten, Seite 44.

29. März
Strauch, Gerti, aus: Christina Rosemann (Hrsg.): Alle Zeichen deiner Liebe. Das JOYCE-Andachtsbuch. © 2007 SCM R.Brockhaus im SCM-Verlag GmbH & Co. KG, Witten, Seite 73.

30. März
Manning, Brennan: Weil uns Gott unendlich liebt. © 2004 SCM R.Brockhaus im SCM-Verlag GmbH & Co. KG, Witten.

31. März
Yancey, Philip: Gnade ist nicht nur ein Wort. © 2002[2] SCM R.Brockhaus im SCM-Verlag GmbH & Co. KG, Witten.

1. April
Hoffmann-Rothe, Maren, aus: Christina Rosemann (Hrsg.): Alle Zeichen deiner Liebe. Das JOYCE-Andachtsbuch. © 2007 SCM R.Brockhaus im SCM-Verlag GmbH & Co. KG, Witten, Seite 170.

2. April
Wilbertz, Jutta: Aufatmen 2/2006, Seite 67. © Bundes-Verlag, Witten.

3. April
Juderselben, Anette, aus: Christina Rosemann (Hrsg.): Alle Zeichen deiner Liebe. Das JOYCE-Andachtsbuch. © 2007 SCM R.Brockhaus im SCM-Verlag GmbH & Co. KG, Witten, Seite 121.

4. April
Yancey, Philip: Gott findet uns, wo wir ihn nicht suchen. © 2003 SCM R.Brockhaus im SCM-Verlag GmbH & Co. KG, Witten, Seiten 189-190.

5. April
Wilbertz, Jutta, aus: Christina Rosemann (Hrsg.): Alle Zeichen deiner Liebe. Das JOYCE-Andachtsbuch. © 2007 SCM R.Brockhaus im SCM-Verlag GmbH & Co. KG, Witten, Seite 197.

6. April
Rein, Antje, aus: Christina Rosemann (Hrsg.): Alle Zeichen deiner Liebe. Das JOYCE-Andachtsbuch. © 2007 SCM R.Brockhaus im SCM-Verlag GmbH & Co. KG, Witten, Seite 355.

7. April
Yancey, Philip: Beten. © 2007 SCM R.Brockhaus im SCM-Verlag GmbH & Co. KG, Witten.

8. April
Clairmont, Patsy, aus: Patsy Clairmont & Barbara Johnson & Marilyn Meberg & Luci Swindoll: Freudensprünge. 90 geistliche Impulse für Frauen. © 2000[2] SCM Collection im SCM-Verlag GmbH & Co. KG, Witten, Seite 160.

QUELLENHINWEISE

9. April
Smith, James: Dass Gott mich wirklich liebt. © 2002 SCM R.Brockhaus im SCM-Verlag GmbH & Co. KG, Witten.

10. April
Scherle, Jutta, aus: Christel Eggers (Hrsg.): Frausein mit Vision. © 2005 SCM R.Brockhaus im SCM-Verlag GmbH & Co. KG, Witten, Seite 78-79.

11. April
Manning, Brennan: Der Blick, der dich heilt. © 2005 SCM R.Brockhaus im SCM-Verlag GmbH & Co. KG, Witten, Seite 38.

12. April
Kent, Carol & Karen Lee-Thorp: Wichtige Entscheidungen treffen. Edition JOYCE Schritte gehen. © 2003 SCM R.Brockhaus im SCM-Verlag GmbH & Co. KG, Witten, Seiten 41-42.

13. April
Malm, Magnus, aus: ders.: Gott braucht keine Helden © 1997 SCM R.Brockhaus im SCM-Verlag GmbH & Co. KG, Witten, Seite 21.

14. April
McManus, Erwin Raphael: Go wild!. © 2005 SCM R.Brockhaus im SCM-Verlag GmbH & Co. KG, Witten, Seite 40.

15. April
Haaften, Noor van: Durch euch wird es heller in der Welt. © 2002 SCM R.Brockhaus im SCM-Verlag GmbH & Co. KG, Witten, Seite 18.

16. April
Yancey, Philip: Beten. © 2007 SCM R.Brockhaus im SCM-Verlag GmbH & Co. KG, Witten, Seite 28.

17. April
Tegge, Friederike: Cappuccino-Duft für die Seele. © 2007 SCM Collection im SCM-Verlag GmbH & Co. KG, Witten, Seite 22.

18. April
Manning, Brennan, aus: ders.: Kind in seinen Armen © 1999 SCM R.Brockhaus im SCM-Verlag GmbH & Co. KG, Witten, Seiten 96f.

19. April
Heidelberger, Hans: Lebensfreude, Auftamen 3/2003, Seite 13 © beim Autor.

20. April
Pflüger, Margit, aus: Christel Eggers (Hrsg.): Alle Farben deiner Freude. Das JOYCE-Andachtsbuch. © 2006 SCM R.Brockhaus im SCM-Verlag GmbH & Co. KG, Witten, Seite 79.

21. April
Bierbaum, Marieluise, aus: Christel Eggers (Hrsg.): Alle Farben deiner Freude. Das JOYCE-Andachtsbuch. © 2006 SCM R.Brockhaus im SCM-Verlag GmbH & Co. KG, Witten, Seite 21.

22. April
MacDonald, Gordon: Sich verändern heißt Leben. © 2005 SCM R.Brockhaus im SCM-Verlag GmbH & Co. KG, Witten.

23. April
Verfasser unbekannt

24. April
Yancey, Philip: Warum ich heute noch glaube. © 2002 SCM R.Brockhaus im SCM-Verlag GmbH & Co. KG, Witten, Seite 53.

25. April
Teresa von Avila

26. April
Studer, Marit, aus: Christel Eggers (Hrsg.): Alle Farben deiner Freude. Das JOYCE-Andachtsbuch. © 2006 SCM R.Brockhaus im SCM-Verlag GmbH & Co. KG, Witten, Seite 87.

27. April
Domig, Elizabeth, aus: Christel Eggers (Hrsg.): Alle Farben deiner Freude. Das JOYCE-Andachtsbuch. © 2006 SCM R.Brockhaus im SCM-Verlag GmbH & Co. KG, Witten, Seite 91.

28. April
Lieberherr, Ruth, aus: Christel Eggers (Hrsg.): Alle Farben deiner Freude. Das JOYCE-Andachtsbuch. © 2006 SCM R.Brockhaus im SCM-Verlag GmbH & Co. KG, Witten, Seite 116.

29. April
Blunck, Brunhilde, aus: Christel Eggers (Hrsg.): Alle Farben deiner Freude. Das JOYCE-Andachtsbuch. © 2006 SCM R.Brockhaus im SCM-Verlag GmbH & Co. KG, Witten, Seite 152.

30. April
Eichler, Astrid: Gott hat gewonnen. © 2003 SCM R.Brockhaus im SCM-Verlag GmbH & Co. KG, Witten, Seite 89.

1. Mai
Manning, Brennan, aus: Die Cappuccino-Pause. Wenn du dich heute freuen kannst, dann warte nicht auf morgen. © 2006 SCM Collection im SCM-Verlag GmbH & Co. KG, Witten.

2. Mai
Eichler, Astrid, aus: Christel Eggers (Hrsg.): Alle Farben deiner Freude. Das JOYCE-Andachtsbuch. © 2006 SCM R.Brockhaus im SCM-Verlag GmbH & Co. KG, Witten, Seite 160.

3. Mai
Kent, Carol & Karen Lee-Thorp: Gottes Absichten mit mir. Edition JOYCE Schritte gehen. © 2003 SCM R.Brockhaus im SCM-Verlag GmbH & Co. KG, Witten, Seite 61.

4. Mai
Rein, Antje, aus: Christel Eggers (Hrsg.): Alle Farben deiner Freude. Das JOYCE-Andachtsbuch. © 2006 SCM R.Brockhaus im SCM-

QUELLENHINWEISE

Verlag GmbH & Co. KG, Witten, Seite 197.

5. Mai
Brudereck, Christina, aus: Christel Eggers (Hrsg.): Alle Farben deiner Freude. Das JOYCE-Andachtsbuch. © 2006 SCM R.Brockhaus im SCM-Verlag GmbH & Co. KG, Witten, Seite 362.

6. Mai
Manning, Brennan: Größer als dein Herz. © 2004 SCM R.Brockhaus im SCM-Verlag GmbH & Co. KG, Witten4, Seite 131.

7. Mai
Heinemann, Anna-Maria, aus: Christina Rosemann (Hrsg.): Alle Zeichen deiner Liebe. Das JOYCE-Andachtsbuch. © 2007 SCM R.Brockhaus im SCM-Verlag GmbH & Co. KG, Witten, Seite 40.

8. Mai
Yancey, Philip: Der unbekannte Jesus, © 2007 SCM R.Brockhaus im SCM-Verlag GmbH & Co. KG, Witten, Seite 20.

9. Mai
Vredevelt, Pam: Espresso für die Seele. Was Sie anregt und auf gute Gedanken bringt. © 2005 SCM Collection im SCM-Verlag GmbH & Co. KG, Witten, S. 204.

10. Mai
Werner, Elke, aus: Christina Rosemann (Hrsg.): Alle Zeichen deiner Liebe. Das JOYCE-Andachtsbuch. © 2007 SCM R.Brockhaus im SCM-Verlag GmbH & Co. KG, Witten, Seite 66.

11. Mai
Hausding, Christel, aus: Christel Eggers (Hrsg.): Alle Farben deiner Freude. Das JOYCE-Andachtsbuch. © 2006 SCM R.Brockhaus im SCM-Verlag GmbH & Co. KG, Witten, Seite 169.

12. Mai
Manning, Brennan, aus: Deine Liebe lässt mich staunen. Das Aufatmen-Andachtsbuch. © 2006 SCM R.Brockhaus im SCM-Verlag GmbH & Co. KG, Witten (25. August).

13. Mai
Friederike Tegge: Coffee to go. © 2008 SCM Collection im SCM-Verlag GmbH & Co. KG, Witten, Seite 43.

14. Mai
Manning, Brennan: Weil uns Gott unendlich liebt. © 2004 SCM R.Brockhaus im SCM-Verlag GmbH & Co. KG, Witten.

15. Mai
Kent, Carol & Karen Lee-Thorp: Wieder neues Selbstvertrauen gewinnen. Edition JOYCE Schritte gehen. © 2003 SCM R.Brockhaus im SCM-Verlag GmbH & Co. KG, Witten, Seite 62.

16. Mai
Manning, Brennan: Größer als dein Herz. © 2004 SCM R.Brockhaus im SCM-Verlag GmbH & Co. KG, Witten4, Seite 116-117.

17. Mai
Hinz, Tamara, aus: Christel Eggers (Hrsg.): Frausein mit Vision. © 2005 SCM R.Brockhaus im SCM-Verlag GmbH & Co. KG, Witten, Seite 89/91.

18. Mai
Manning, Brennan: Der Blick, der dich heilt. © 2005 SCM R.Brockhaus im SCM-Verlag GmbH & Co. KG, Witten, Seite 121.

19. Mai
Yancey, Philip: Beten. © 2007 SCM R.Brockhaus im SCM-Verlag GmbH & Co. KG, Witten, Seite 45.

20. Mai
Yaconelli, Mike: What would Jesus do? Fragen, was Jesus will. © 1999 SCM Collection im SCM-Verlag GmbH & Co. KG, Seite 12.

21. Mai
Malm, Magnus: Gott braucht keine Helden. © 1999[4] SCM R.Brockhaus im SCM-Verlag GmbH & Co. KG, Witten, Seite 94.

22. Mai
Boom, Corrie ten: Weltreisende im Auftrag Gottes. © 2007[3] SCM R.Brockhaus im SCM-Verlag GmbH & Co. KG, Witten, Seite 33.

23. Mai
Blixen, Tania, aus: Schicksalsanekdoten. © Deutsche Verlags-Anstalten, Verlagsgruppe Random House GmbH, München 1982.

24. Mai
Smith, James, aus: Die Cappuccino-Pause. Wenn du dich heute freuen kannst, dann warte nicht auf morgen. © 2006 SCM Collection im SCM-Verlag GmbH & Co. KG, Witten.

25. Mai
Malm, Magnus: Gott braucht keine Helden. © 1999[4] SCM R.Brockhaus im SCM-Verlag GmbH & Co. KG, Witten, Seite 114.

26. Mai
Brudereck, Christina, aus: Christel Eggers (Hrsg.): Alle Farben deiner Freude. Das JOYCE-Andachtsbuch. © 2006 SCM R.Brockhaus im SCM-Verlag GmbH & Co. KG, Witten, Seite 357.

27. Mai
Willard, Dallas & Johnson, Jan, aus: dies.: Lehrling des Meisters sein, Aufatmen 3/2002, S. 16.

28. Mai
Foster, Richard: Viele Quellen hat der Strom. © 2006 SCM R.Brockhaus im SCM-Verlag GmbH & Co. KG, Witten, Seite 16.

QUELLENHINWEISE

29. Mai
Schlagner, Christine, aus: Christel Eggers (Hrsg.): Alle Farben deiner Freude. Das JOYCE-Andachtsbuch. © 2006 SCM R.Brockhaus im SCM-Verlag GmbH & Co. KG, Witten, Seite 349.

30. Mai
Chambers, Oswald, in: James R. Adair & Harry Verploegh (IIrsg.): Mit Oswald Chambers durch das Neue Testament. © 2005 SCM Hänssler im SCM-Verlag GmbH & Co. KG, Holzgerlingen, Seiten 97-98.

31. Mai
Manning, Brennan: Weil uns Gott unendlich liebt. © 2004 SCM R.Brockhaus im SCM-Verlag GmbH & Co. KG, Witten, Seite 95.

1. Juni
Kent, Carol & Karen Lee-Thorp: Wieder neues Selbstvertrauen gewinnen. Edition JOYCE Schritte gehen. © 2003 SCM R.Brockhaus im SCM-Verlag GmbH & Co. KG, Witten, Seiten 23-24.

2. Juni
Malm, Magnus: Gott braucht keine Helden. © 1999[4] SCM R.Brockhaus im SCM-Verlag GmbH & Co. KG, Witten, Seite 48.

3. Juni
Manning, Brennan: Weil uns Gott unendlich liebt. © 2004 SCM R.Brockhaus im SCM-Verlag GmbH & Co. KG, Witten, Seite 11.

4. Juni
Eggers, Christel, aus: Christel Eggers (Hrsg.): Alle Farben deiner Freude. Das JOYCE-Andachtsbuch. © 2006 SCM R.Brockhaus im SCM-Verlag GmbH & Co. KG, Witten, Seite 330.

5. Juni
Vredevelt, Pam: Espresso für die Seele. Was Sie anregt und auf gute Gedanken bringt. © 2005 SCM Collection im SCM-Verlag GmbH & Co. KG, Witten, Seiten 60-61.

6. Juni
Yancey, Philip: Beten. © 2007 SCM R.Brockhaus im SCM-Verlag GmbH & Co. KG, Witten, Seite 53.

7. Juni
Yaconelli, Mike: Gott liebt Chaoten. © 2004[2] SCM R.Brockhaus im SCM-Verlag GmbH & Co. KG, Witten.

8. Juni
Lenzen, Christof: Heimweh nach Gottes Stimme, Aufatmen 4/2005. © Bundes-Verlag, Witten.

9. Juni
Manning, Brennan: Weil uns Gott unendlich liebt. © 2004 SCM R.Brockhaus im SCM-Verlag GmbH & Co. KG, Witten, Seite 50.

10. Juni
Korte, Luise, aus: Christel Eggers (Hrsg.): Alle Farben deiner Freude. Das JOYCE-Andachtsbuch. © 2006 SCM R.Brockhaus im SCM-Verlag GmbH & Co. KG, Witten, Seite 290.

11. Juni
Appel, Gene: Gemeinde verändern, aber wie?, Aufatmen 03/2003. © Bundes-Verlag, Witten.

12. Juni
Deichgräber, Reinhard, aus: Tamara Hinz: Vom Glanz des Alltäglichen, Aufatmen 3/2007. © Bundes-Verlag, Witten.

13. Juni
Kent, Carol & Karen Lee-Thorp: Wichtige Entscheidungen treffen. Edition JOYCE Schritte gehen. © 2003 SCM R.Brockhaus im SCM-Verlag GmbH & Co. KG, Witten, Seiten 50-51.

14. Juni
Boom, Corrie ten: Denn du bist bei mir, © 2007[3] SCM R.Brockhaus im SCM-Verlag GmbH & Co. KG, Witten, Seiten 47-48.

15. Juni
Pache, Klaus-Günter: Den Himmel erobern. © 2006 SCM R.Brockhaus im SCM-Verlag GmbH & Co. KG, Witten, Seite 71.

16. Juni
Kierkegaard, Sören, aus: Dorothee Dziewas: Schokolade für die Seele. © 2006 SCM Collection im SCM-Verlag GmbH & Co. KG, Witten, Seite 55.

17. Juni
Manning, Brennan: Der Blick, der dich heilt. © 2005 SCM R.Brockhaus im SCM-Verlag GmbH & Co. KG, Witten, Seite 89.

18. Juni
Nouwen, Henri, aus: Manning, Brennan: Der Blick, der dich heilt. © 2005 SCM R.Brockhaus im SCM-Verlag GmbH & Co. KG, Witten, Seite 82.

19. Juni
Graham, Billy: Friede mit Gott. © 2007[22] SCM R.Brockhaus im SCM-Verlag GmbH & Co. KG, Witten, Seite 165.

20. Juni
Domig, Elizabeth, aus: Christel Eggers (Hrsg.): Alle Farben deiner Freude. Das JOYCE-Andachtsbuch. © 2006 SCM R.Brockhaus im SCM-Verlag GmbH & Co. KG, Witten, Seite 94.

21. Juni
Tegge, Friederike: Cappuccino-Duft für die Seele. © 2007 SCM Collection im SCM-Verlag GmbH & Co. KG, Witten, Seite 68.

22. Juni
Hallesby, Ole: Vom Beten, © 2000[30] SCM R.Brockhaus im SCM-Verlag GmbH & Co. KG, Witten, Seiten 14-15.

23. Juni
Pache, Klaus-Günter: Den Himmel erobern. © 2006 SCM R.Brockhaus

QUELLENHINWEISE

im SCM-Verlag GmbH & Co. KG, Witten.

24. Juni
Manning, Brennan: Der Blick, der dich heilt. © 2005 SCM R.Brockhaus im SCM-Verlag GmbH & Co. KG, Witten, Seite 104.

25. Juni
Domig, Elizabeth, aus: Christel Eggers (Hrsg.): Alle Farben deiner Freude. Das JOYCE-Andachtsbuch. © 2006 SCM R.Brockhaus im SCM-Verlag GmbH & Co. KG, Witten, Seite 89.

26. Juni
Strauch, Peter: Entdeckungen in der Einsamkeit. © SCM 2007[10] SCM R.Brockhaus im SCM-Verlag GmbH & Co. KG, Witten, Seite 37.

27. Juni
Brudereck, Christina, aus: Christel Eggers (Hrsg.): Frausein mit Vision. © 2005 SCM R.Brockhaus im SCM-Verlag GmbH & Co. KG, Witten, Seite 171.

28. Juni
Pritchard, John: beten lernen. © 2003 SCM R.Brockhaus im SCM-Verlag GmbH & Co. KG, Witten, Seite 105.

29. Juni
Haupt, Malte: Mit Jesus auf dem Weg. © 1999 SCM R.Brockhaus im SCM-Verlag GmbH & Co. KG, Witten, Seite 10.

30. Juni
Yaconelli, Mike, aus: ders.: Die große Flucht vor uns selbst, Aufatmen 4/98, S. 33.

1. Juli
Yancey, Philip: Der unbekannte Jesus, © 2007 SCM R.Brockhaus im SCM-Verlag GmbH & Co. KG, Witten, Seite 102.

2. Juli
Lenzen, Christof: Gott sinnlich erfahren, Aufatmen 4/2005. © Bundes-Verlag, Witten.

3. Juli
Yancey, Philip: Beten. © 2007 SCM R.Brockhaus im SCM-Verlag GmbH & Co. KG, Witten, Seite 53.

4. Juli
Thomas, Gary L.: Auch Stürme bringen uns ans Ziel. © 2004 SCM R.Brockhaus im SCM-Verlag GmbH & Co. KG, Witten.

5. Juli
Müller, Gottfried: Lass dich fallen. © 1996 SCM R.Brockhaus im SCM-Verlag GmbH & Co. KG, Witten.

6. Juli
Aus Kenia

7. Juli
Haaften, Noor van: Durch euch wird es heller in der Welt. © 2002 SCM R.Brockhaus im SCM-Verlag GmbH & Co. KG, Witten, Seite 196.

8. Juli
Strauch, Peter: Entdeckungen in der Einsamkeit. © SCM 2007[10] SCM R.Brockhaus im SCM-Verlag GmbH & Co. KG, Witten.

9. Juli
Studer, Marit, aus: Christel Eggers (Hrsg.): Alle Farben deiner Freude. Das JOYCE-Andachtsbuch. © 2006 SCM R.Brockhaus im SCM-Verlag GmbH & Co. KG, Witten, Seite 83.

10. Juli
Manning, Brennan: Der Blick, der dich heilt. © 2005 SCM R.Brockhaus im SCM-Verlag GmbH & Co. KG, Witten, Seite 104.

11. Juli
Eichler, Astrid, aus: Christel Eggers (Hrsg.): Alle Farben deiner Freude. Das JOYCE-Andachtsbuch. © 2006 SCM R.Brockhaus im SCM-Verlag GmbH & Co. KG, Witten, Seite 164.

12. Juli
Manning, Brennan: Größer als dein Herz. © 2004[4] SCM R.Brockhaus im SCM-Verlag GmbH & Co. KG, Witten, Seite 22.

13. Juli
Eichler, Astrid: Gott hat gewonnen. © 2003 SCM R.Brockhaus im SCM-Verlag GmbH & Co. KG, Witten, Seite 194.

14. Juli
Manning, Brennan: Größer als dein Herz. © 2004[4] SCM R.Brockhaus im SCM-Verlag GmbH & Co. KG, Witten, Seite 112.

15. Juli
Chambers, Oswald, in: James R. Adair & Harry Verploegh (Hrsg.): Mit Oswald Chambers durch das Neue Testament. © 2005 SCM Hänssler im SCM-Verlag GmbH & Co. KG, Holzgerlingen.

16. Juli
Manning, Brennan: Verwegenes Vertrauen. © 2002 SCM R.Brockhaus im SCM-Verlag GmbH & Co. KG, Witten.

17. Juli
Strauch, Peter: Entdeckungen in der Einsamkeit. © SCM 2007[10] SCM R.Brockhaus im SCM-Verlag GmbH & Co. KG, Witten.

18. Juli
Yaconelli, Mike: What would Jesus do? Fragen, was Jesus will. © 1999 SCM Collection im SCM-Verlag GmbH & Co. KG, Witten, Seite 11.

19. Juli
Yancey, Philip: Der unbekannte Jesus, © 2007 SCM R.Brockhaus im SCM-Verlag GmbH & Co. KG, Witten, Seite 21.

20. Juli
Vredevelt, Pam: Espresso für die Seele. Was Sie anregt und auf gute Gedanken bringt. © 2005 SCM Col-

QUELLENHINWEISE

lection im SCM-Verlag GmbH & Co. KG, Witten, S. 69.

21. Juli
Hallesby, Ole: Vom Beten, © 2000³⁰ SCM R.Brockhaus im SCM-Verlag GmbH & Co. KG, Witten.

22. Juli
McManus, Erwin Raphael: Go wild!. © 2005 SCM R.Brockhaus im SCM-Verlag GmbH & Co. KG, Witten, Seite 82.

23. Juli
Balters, Antje, aus: dies.: Auszeit – Aus der Selbstüberforderung in die Selbstannahme, 64 Seiten, Bremen 2005. Zu beziehen über baltesantje@gmx.de

24. Juli
Manning, Brennan: Weil uns Gott unendlich liebt. © 2004 SCM R.Brockhaus im SCM-Verlag GmbH & Co. KG, Witten, Seite 83.

25. Juli
Vredevelt, Pam: Espresso für die Seele. Was Sie anregt und auf gute Gedanken bringt. © 2005 SCM Collection im SCM-Verlag GmbH & Co. KG, Witten, S. 74.

26. Juli
Manning, Brennan: Verwegenes Vertrauen. © 2002 SCM R.Brockhaus im SCM-Verlag GmbH & Co. KG, Witten.

27. Juli
Stott, John R. W.: Einführung ins Christentum. © 1973 SCM R.Brockhaus im SCM-Verlag GmbH & Co. KG, Witten, Seite 30.

28. Juli
Dziewas, Dorothee: Kaffeepause für die Seele. © 2004 SCM Collection im SCM-Verlag GmbH & Co. KG, Witten, Seite 43.

29. Juli
Bosmans, Phil, aus ders., Worte zum Menschsein, ausgewählt und aus dem niederländischen übertragen von Ulrich Schütz, © Verlag Herder GmbH, Freiburg im Breisgau, 2. Auflage 2007, Seiten 97f.

30. Juli
Manning, Brennan, aus: ders.: Kind in seinen Armen © 1999 SCM R.Brockhaus im SCM-Verlag GmbH & Co. KG, Witten, Seite 165.

31. Juli
Pache, Klaus-Günter: Den Himmel erobern. © 2006 SCM R.Brockhaus im SCM-Verlag GmbH & Co. KG, Witten, Seite 44.

1. August
Haupt, Malte: Mit Jesus auf dem Weg. © 1999 SCM R.Brockhaus im SCM-Verlag GmbH & Co. KG, Witten, Seite 19.

2. August
Hallesby, Ole: Vom Beten. © 2000³⁰ SCM R.Brockhaus im SCM-Verlag GmbH & Co. KG, Witten, Seite 106.

3. August
Manning, Brennan: Verwegenes Vertrauen. © 2002 SCM R.Brockhaus im SCM-Verlag GmbH & Co. KG, Witten.

4. August
Strauch, Gerti, aus: Christina Rosemann (Hrsg.): Alle Zeichen deiner Liebe. Das JOYCE-Andachtsbuch. © 2007 SCM R.Brockhaus im SCM-Verlag GmbH & Co. KG, Witten, Seite 69.

5. August
Kletsch, Rebecca, aus: Christina Rosemann (Hrsg.): Alle Zeichen deiner Liebe. Das JOYCE-Andachtsbuch. © 2007 SCM R.Brockhaus im SCM-Verlag GmbH & Co. KG, Witten, Seite 107.

6. August
Schlagner, Christine, aus: Christina Rosemann (Hrsg.): Alle Zeichen deiner Liebe. Das JOYCE-Andachtsbuch. © 2007 SCM R.Brockhaus im SCM-Verlag GmbH & Co. KG, Witten, Seite 321.

7. August
Rein, Antje, aus: Christina Rosemann (Hrsg.): Alle Zeichen deiner Liebe. Das JOYCE-Andachtsbuch. © 2007 SCM R.Brockhaus im SCM-Verlag GmbH & Co. KG, Witten, Seite 354.

8. August
Manning, Brennan: Größer als dein Herz. © 2004⁴ SCM R.Brockhaus im SCM-Verlag GmbH & Co. KG, Witten, Seite 127.

9. August
Manning, Brennan: Größer als dein Herz. © 2004⁴ SCM R.Brockhaus im SCM-Verlag GmbH & Co. KG, Witten, Seite 13.

10. August
Pache, Klaus-Günter: Den Himmel erobern. © 2006 SCM R.Brockhaus im SCM-Verlag GmbH & Co. KG, Witten, Seite 52.

11. August
Kent, Carol & Karen Lee-Thorp: Innere Balance finden. Edition JOYCE Schritte gehen. © 2003 SCM R.Brockhaus im SCM-Verlag GmbH & Co. KG, Witten, Seite 62.

12. August
Manning, Brennan: Größer als dein Herz. © 2004⁴ SCM R.Brockhaus im SCM-Verlag GmbH & Co. KG, Witten, Seite 32.

13. August
Runge, Elisabeth, aus: Christina Rosemann (Hrsg.): Alle Zeichen deiner Liebe. Das JOYCE-Andachtsbuch. © 2007 SCM R.Brockhaus im SCM-Verlag GmbH & Co. KG, Witten, Seite 55.

14. August
Hallesby, Ole: Vom Beten, © 2000³⁰ SCM R.Brockhaus im SCM-Verlag GmbH & Co. KG, Witten, Seite 9.

QUELLENHINWEISE

15. August
Kent, Carol & Karen Lee-Thorp: Wichtige Entscheidungen treffen. Edition JOYCE Schritte gehen. © 2003 SCM R.Brockhaus im SCM-Verlag GmbH & Co. KG, Witten, Seite 59.

16. August
Tiemann, Steffen: Neid, Aufatmen 4/2005 © beim Autor.

17. August
Manning, Brennan: Weil uns Gott unendlich liebt. © 2004 SCM R.Brockhaus im SCM-Verlag GmbH & Co. KG, Witten, Seite 82.

18. August
Pflüger, Marit, aus: Christel Eggers (Hrsg.): Alle Farben deiner Freude. Das JOYCE-Andachtsbuch. © 2006 SCM R.Brockhaus im SCM-Verlag GmbH & Co. KG, Witten, Seite 81.

19. August
Domig, Elizabeth, aus: Christel Eggers (Hrsg.): Alle Farben deiner Freude. Das JOYCE-Andachtsbuch. © 2006 SCM R.Brockhaus im SCM-Verlag GmbH & Co. KG, Witten, Seite 93.

20. August
Yancey, Philip: Gnade ist nicht nur ein Wort, © 2002[2] SCM R.Brockhaus im SCM-Verlag GmbH & Co. KG, Witten.

21. August
Manning, Brennan: Der Blick, der dich heilt. © 2005 SCM R.Brockhaus im SCM-Verlag GmbH & Co. KG, Witten, Seite 120.

22. August
Yancey, Philip: Gott findet uns, wo wir ihn nicht suchen. © 2003 SCM R.Brockhaus im SCM-Verlag GmbH & Co. KG, Witten, Seiten 174-175.

23. August
Wendel, Kerstin, aus: Christel Eggers (Hrsg.): Alle Farben deiner Freude. Das JOYCE-Andachtsbuch. © 2006 SCM R.Brockhaus im SCM-Verlag GmbH & Co. KG, Witten, Seite 265.

24. August
Manning, Brennan: Der Blick, der dich heilt. © 2005 SCM R.Brockhaus im SCM-Verlag GmbH & Co. KG, Witten, Seite 129.

25. August
Malm, Magnus: Gott braucht keine Helden. © 1999[4] SCM R.Brockhaus im SCM-Verlag GmbH & Co. KG, Witten, Seite 254.

26. August
Studer, Marit, aus: Christina Rosemann (Hrsg.): Alle Zeichen deiner Liebe. Das JOYCE-Andachtsbuch. © 2007 SCM R.Brockhaus im SCM-Verlag GmbH & Co. KG, Witten, Seite 294.

27. August
Hallesby, Ole: Vom Beten, © 2000[30] SCM R.Brockhaus im SCM-Verlag GmbH & Co. KG, Witten, Seite 11.

28. August
Yancey, Philip: Gott findet uns, wo wir ihn nicht suchen. © 2003 SCM R.Brockhaus im SCM-Verlag GmbH & Co. KG, Witten, Seiten 197-198.

29. August
Yaconelli, Mike: Der ungezähmte Glaube. © 2001 SCM R.Brockhaus im SCM-Verlag GmbH & Co. KG, Witten, Seite 21.

30. August
Thielicke, Helmut: Das Bilderbuch Gottes. © Quell Verlag, Stuttgart 1991[6], Seiten 214-215.

31. August
Manning, Brennan: Der Blick, der dich heilt. © 2005 SCM R.Brockhaus im SCM-Verlag GmbH & Co. KG, Witten, Seite 122.

1. September
Rosemann, Christina, aus: Christina Rosemann (Hrsg.): Alle Zeichen deiner Liebe. Das JOYCE-Andachtsbuch. © 2007 SCM R.Brockhaus im SCM-Verlag GmbH & Co. KG, Witten, Seite 337.

2. September
McManus, Erwin Raphael: Go wild!. © 2005 SCM R.Brockhaus im SCM-Verlag GmbH & Co. KG, Witten.

3. September
Müller, Gottfried: Lass dich fallen. © 1996 SCM R.Brockhaus im SCM-Verlag GmbH & Co. KG, Witten.

4. September
Bell, Rob: Im Staub des Rabbis laufen, Aufatmen 2/2005.

5. September
Domig, Elizabeth, aus: Christel Eggers (Hrsg.): Alle Farben deiner Freude. Das JOYCE-Andachtsbuch. © 2006 SCM R.Brockhaus im SCM-Verlag GmbH & Co. KG, Witten, Seite 91.

6. September
Birchler, Verena, aus: Christel Eggers (Hrsg.): Alle Farben deiner Freude. Das JOYCE-Andachtsbuch. © 2006 SCM R.Brockhaus im SCM-Verlag GmbH & Co. KG, Witten, Seite 138.

7. September
Manning, Brennan: Größer als dein Herz. © 2004[4] SCM R.Brockhaus im SCM-Verlag GmbH & Co. KG, Witten, Seite 100.

8. September
Vredevelt, Pam: Espresso für die Seele. Was Sie anregt und auf gute Gedanken bringt. © 2005 SCM Collection im SCM-Verlag GmbH & Co. KG, Witten, S. 83.

9. September
Hinz, Tamara, aus: Christina Rosemann (Hrsg.): Alle Zeichen deiner Liebe. Das JOYCE-Andachtsbuch. © 2007 SCM R.Brockhaus im SCM-Verlag GmbH & Co. KG, Witten, Seite 259.

QUELLENHINWEISE

10. September
Johnson, Barbara, aus: Patsy Clairmont & Barbara Johnson & Marilyn Meberg & Luci Swindoll: Freudensprünge. 90 geistliche Impulse für Frauen. © 2000² SCM Collection im SCM-Verlag GmbH & Co. KG, Witten, Seite 298.

11. September
Manning, Brennan: Der Blick, der dich heilt. © 2005 SCM R.Brockhaus im SCM-Verlag GmbH & Co. KG, Witten, Seite 106.

12. September
Kent, Carol & Karen Lee-Thorp: Wieder neues Selbstvertrauen gewinnen. Edition JOYCE Schritte gehen. © 2003 SCM R.Brockhaus im SCM-Verlag GmbH & Co. KG, Witten, Seite 76.

13. September
Johnson, Barbara, aus: Patsy Clairmont & Barbara Johnson & Marilyn Meberg & Luci Swindoll: Freudensprünge. 90 geistliche Impulse für Frauen. © 2000² SCM Collection im SCM-Verlag GmbH & Co. KG, Witten, Seite 283.

14. September
Swindoll, Luci, aus: Patsy Clairmont & Barbara Johnson & Marilyn Meberg & Luci Swindoll: Freudensprünge. 90 geistliche Impulse für Frauen. © 2000² SCM Collection im SCM-Verlag GmbH & Co. KG, Witten, Seite 244.

15. September
Nouwen, Henri, aus ders.: Die innere Stimme der Liebe, aus dem Amerikanischen von Franz Johna © Verlag Herder GmbH, Freiburg im Breisgau, 14. Auflage 2009, Seite 106.

16. September
Clairmont, Patsy, aus: Patsy Clairmont & Barbara Johnson & Marilyn Meberg & Luci Swindoll: Freudensprünge. 90 geistliche Impulse für Frauen. © 2000² SCM Collection im SCM-Verlag GmbH & Co. KG, Witten, Seite 180-181.

17. September
Johnson, Barbara, aus: Patsy Clairmont & Barbara Johnson & Marilyn Meberg & Luci Swindoll: Freudensprünge. 90 geistliche Impulse für Frauen. © 2000² SCM Collection im SCM-Verlag GmbH & Co. KG, Witten, Seiten 77-78.

18. September
Manning, Brennan: Der Blick, der dich heilt. © 2005 SCM R.Brockhaus im SCM-Verlag GmbH & Co. KG, Witten, Seite 36.

19. September
Hallesby, Ole: Vom Beten, © 2000³⁰ SCM R.Brockhaus im SCM-Verlag GmbH & Co. KG, Witten, Seite 18.

20. September
Johnson, Barbara, aus: Patsy Clairmont & Barbara Johnson & Marilyn Meberg & Luci Swindoll: Freudensprünge. 90 geistliche Impulse für Frauen. © 2000² SCM Collection im SCM-Verlag GmbH & Co. KG, Witten, Seiten 194-195.

21. September
Vredevelt, Pam: Espresso für die Seele. Was Sie anregt und auf gute Gedanken bringt. © 2005 SCM Collection im SCM-Verlag GmbH & Co. KG, Witten, S. 189.

22. September
Passarge, Ute, aus: Christina Rosemann (Hrsg.): Alle Zeichen deiner Liebe. Das JOYCE-Andachtsbuch. © 2007 SCM R.Brockhaus im SCM-Verlag GmbH & Co. KG, Witten, Seite 264.

23. September
Hoffmann-Rothe, Maren, aus: Christina Rosemann (Hrsg.): Alle Zeichen deiner Liebe. Das JOYCE-Andachtsbuch. © 2007 SCM R.Brockhaus im SCM-Verlag GmbH & Co. KG, Witten, Seite 168.

24. September
Heinemann, Anna-Maria, aus: Christina Rosemann (Hrsg.): Alle Zeichen deiner Liebe. Das JOYCE-Andachtsbuch. © 2007 SCM R.Brockhaus im SCM-Verlag GmbH & Co. KG, Witten, Seite 41.

25. September
Manning, Brennan: Der Blick, der dich heilt. © 2005 SCM R.Brockhaus im SCM-Verlag GmbH & Co. KG, Witten, Seite 99.

26. September
Assmann, Marion, aus: Christina Rosemann (Hrsg.): Alle Zeichen deiner Liebe. Das JOYCE-Andachtsbuch. © 2007 SCM R.Brockhaus im SCM-Verlag GmbH & Co. KG, Witten, Seite 22.

27. September
Kuschmierz, Monika, aus: Christel Eggers (Hrsg.): Alle Farben deiner Freude. Das JOYCE-Andachtsbuch. © 2006 SCM R.Brockhaus im SCM-Verlag GmbH & Co. KG, Witten, Seite 308.

28. September
Illgen, Hannelore, aus: Christel Eggers (Hrsg.): Alle Farben deiner Freude. Das JOYCE-Andachtsbuch. © 2006 SCM R.Brockhaus im SCM-Verlag GmbH & Co. KG, Witten, Seite 244.

29. September
Meberg, Marilyn, aus: Patsy Clairmont & Barbara Johnson & Marilyn Meberg & Luci Swindoll: Freudensprünge. 90 geistliche Impulse für Frauen. © 2000² SCM Collection im SCM-Verlag GmbH & Co. KG, Witten, Seite 32.

30. September
Pache, Klaus-Günter: Den Himmel erobern. © 2006 SCM R.Brockhaus

QUELLENHINWEISE

im SCM-Verlag GmbH & Co. KG, Witten, Seite 60.

1. Oktober
Manning, Brennan: Bettler an Gottes Tür. © 2001 SCM R.Brockhaus im SCM-Verlag GmbH & Co. KG, Witten, Seite 48.

2. Oktober
Schramm, Martin: Anstoß zur Romanze, Aufatmen 4/2004 © Bundes-Verlag, Witten.

3. Oktober
Werth, Jürgen: Das Leben ist eine schöne Erfindung. Von glücklichen und schweren Tagen. © 2001 SCM R.Brockhaus im SCM-Verlag GmbH & Co. KG, Witten.

4. Oktober
Domig, Elizabeth, aus: Christel Eggers (Hrsg.): Alle Farben deiner Freude. Das JOYCE-Andachtsbuch. © 2006 SCM R.Brockhaus im SCM-Verlag GmbH & Co. KG, Witten, Seite 91.

5. Oktober
Manning, Brennan: Größer als dein Herz. © 2004⁴ SCM R.Brockhaus im SCM-Verlag GmbH & Co. KG, Witten, Seite 113.

6. Oktober
Eichler, Astrid, aus: Christel Eggers (Hrsg.): Frausein mit Vision. © 2005 SCM R.Brockhaus im SCM-Verlag GmbH & Co. KG, Witten, Seite 21.

7. Oktober
Meberg, Marilyn, aus: Patsy Clairmont & Barbara Johnson & Marilyn Meberg & Luci Swindoll: Freudensprünge. 90 geistliche Impulse für Frauen. © 2000² SCM Collection im SCM-Verlag GmbH & Co. KG, Witten, Seiten 288-289.

8. Oktober
Illgen, Hannelore, aus: Christina Rosemann (Hrsg.): Alle Zeichen deiner Liebe. Das JOYCE-Andachtsbuch. © 2007 SCM R.Brockhaus im SCM-Verlag GmbH & Co. KG, Witten, Seite 178.

9. Oktober
Kent, Carol & Karen Lee-Thorp: Wichtige Entscheidungen treffen. Edition JOYCE Schritte gehen. © 2003 SCM R.Brockhaus im SCM-Verlag GmbH & Co. KG, Witten, Seiten 41-42.

10. Oktober
Yancey, Philip: Beten. © 2007 SCM R.Brockhaus im SCM-Verlag GmbH & Co. KG, Witten.

11. Oktober
Yaconelli, Mike: Der ungezähmte Glaube. © 2001 SCM R.Brockhaus im SCM-Verlag GmbH & Co. KG, Witten.

12. Oktober
Vredevelt, Pam: Espresso für die Seele. Was Sie anregt und auf gute Gedanken bringt. © 2005 SCM Collection im SCM-Verlag GmbH & Co. KG, Witten, Seite 85.

13. Oktober
Pache, Klaus-Günter: Den Himmel erobern. © 2006 SCM R.Brockhaus im SCM-Verlag GmbH & Co. KG, Witten, Seite 60.

14. Oktober
Clairmont, Patsy, aus: Patsy Clairmont & Barbara Johnson & Marilyn Meberg & Luci Swindoll: Freudensprünge. 90 geistliche Impulse für Frauen. © 2000² SCM Collection im SCM-Verlag GmbH & Co. KG, Witten, Seiten 136-137.

15. Oktober
Judersleben, Anette, aus: Christina Rosemann (Hrsg.): Alle Zeichen deiner Liebe. Das JOYCE-Andachtsbuch. © 2007 SCM R.Brockhaus im SCM-Verlag GmbH & Co. KG, Witten, Seite 120.

16. Oktober
Neumaier, Gudrun, aus: Christel Eggers (Hrsg.): Alle Farben deiner Freude. Das JOYCE-Andachtsbuch. © 2006 SCM R.Brockhaus im SCM-Verlag GmbH & Co. KG, Witten, Seite 370.

17. Oktober
Franz, Marina, aus: Christel Eggers (Hrsg.): Alle Farben deiner Freude. Das JOYCE-Andachtsbuch. © 2006 SCM R.Brockhaus im SCM-Verlag GmbH & Co. KG, Witten, Seite 243.

18. Oktober
Atkinson, Sue: Sag ja zu dir! © 1996 SCM R.Brockhaus im SCM-Verlag GmbH & Co. KG, Witten.

19. Oktober
Swindoll, Luci, aus: Patsy Clairmont & Barbara Johnson & Marilyn Meberg & Luci Swindoll: Freudensprünge. 90 geistliche Impulse für Frauen. © 2000² SCM Collection im SCM-Verlag GmbH & Co. KG, Witten, Seite 123.

20. Oktober
Manning, Brennan: Kind in seinen Armen. © 2000 SCM R.Brockhaus im SCM-Verlag GmbH & Co. KG, Witten.

21. Oktober
Hausding, Christel, aus: Christel Eggers (Hrsg.): Alle Farben deiner Freude. Das JOYCE-Andachtsbuch. © 2006 SCM R.Brockhaus im SCM-Verlag GmbH & Co. KG, Witten, Seite 170.

22. Oktober
Tolstoi, Leo

23. Oktober
Hausding, Christel, aus: Christel Eggers (Hrsg.): Alle Farben deiner Freude. Das JOYCE-Andachtsbuch. © 2006 SCM R.Brockhaus im SCM-Verlag GmbH & Co. KG, Witten, Seite 171.

QUELLENHINWEISE

24. Oktober
Johnson, Barbara, aus: Patsy Clairmont & Barbara Johnson & Marilyn Meberg & Luci Swindoll: Freudensprünge. 90 geistliche Impulse für Frauen. © 2000² SCM Collection im SCM-Verlag GmbH & Co. KG, Witten, Seite 290.

25. Oktober
Kent, Carol & Karen Lee-Thorp: Innere Balance finden. Edition JOYCE Schritte gehen. © 2003 SCM R.Brockhaus im SCM-Verlag GmbH & Co. KG, Witten, Seite 60.

26. Oktober
Friederike Tegge: Coffee to go. © 2008 SCM Collection im SCM-Verlag GmbH & Co. KG, Witten.

27. Oktober
Rein, Antje, aus: Christel Eggers (Hrsg.): Alle Farben deiner Freude. Das JOYCE-Andachtsbuch. © 2006 SCM R.Brockhaus im SCM-Verlag GmbH & Co. KG, Witten, Seite 196.

28. Oktober
Hausding, Christel, aus: Christel Eggers (Hrsg.): Alle Farben deiner Freude. Das JOYCE-Andachtsbuch. © 2006 SCM R.Brockhaus im SCM-Verlag GmbH & Co. KG, Witten, Seite 173.

29. Oktober
Manning, Brennan: Größer als dein Herz. © 2004⁴ SCM R.Brockhaus im SCM-Verlag GmbH & Co. KG, Witten, Seiten 89-90.

30. Oktober
Swindoll, Luci, aus: Patsy Clairmont & Barbara Johnson & Marilyn Meberg & Luci Swindoll: Freudensprünge. 90 geistliche Impulse für Frauen. © 2000² SCM Collection im SCM-Verlag GmbH & Co. KG, Witten, Seite 55.

31. Oktober
Manning, Brennan: Der Blick, der dich heilt. © 2005 SCM R.Brockhaus im SCM-Verlag GmbH & Co. KG, Witten, Seiten 50-51.

1. November
Yancey, Philip: Beten. © 2007 SCM R.Brockhaus im SCM-Verlag GmbH & Co. KG, Witten, Seiten 87-88.

2. November
Tegge, Friederike: Cappuccino-Duft für die Seele. © 2007 SCM Collection im SCM-Verlag GmbH & Co. KG, Witten, Seiten 32-33.

3. November
Yaconelli, Mike: Der ungezähmte Glaube. © 2001 SCM R.Brockhaus im SCM-Verlag GmbH & Co. KG, Witten.

4. November
Manning, Brennan: Der Blick, der dich heilt. © 2005 SCM R.Brockhaus im SCM-Verlag GmbH & Co. KG, Witten, Seite 37.

5. November
Eichler, Astrid, aus: Christel Eggers (Hrsg.): Frausein mit Vision. © 2005 SCM R.Brockhaus im SCM-Verlag GmbH & Co. KG, Witten, Seite 15.

6. November
Meberg, Marilyn, aus: Patsy Clairmont & Barbara Johnson & Marilyn Meberg & Luci Swindoll: Freudensprünge. 90 geistliche Impulse für Frauen. © 2000² SCM Collection im SCM-Verlag GmbH & Co. KG, Witten, Seite 202.

7. November
Kent, Carol & Karen Lee-Thorp: Innere Balance finden. Edition JOYCE Schritte gehen. © 2003 SCM R.Brockhaus im SCM-Verlag GmbH & Co. KG, Witten, Seite 63.

8. November
Vredevelt, Pam: Espresso für die Seele. Was Sie anregt und auf gute Gedanken bringt. © 2005 SCM Collection im SCM-Verlag GmbH & Co. KG, Witten, Seite 92.

9. November
Manning, Brennan: Größer als dein Herz. © 2004⁴ SCM R.Brockhaus im SCM-Verlag GmbH & Co. KG, Witten, Seite 119.

10. November
Pache, Klaus-Günter: Den Himmel erobern. © 2006 SCM R.Brockhaus im SCM-Verlag GmbH & Co. KG, Witten, Seite 67.

11. November
Clairmont, Patsy, aus: Patsy Clairmont & Barbara Johnson & Marilyn Meberg & Luci Swindoll: Freudensprünge. 90 geistliche Impulse für Frauen. © 2000² SCM Collection im SCM-Verlag GmbH & Co. KG, Witten, Seite 52.

12. November
Emptmeyer, Ines, aus: Christina Rosemann (Hrsg.): Alle Zeichen deiner Liebe. Das JOYCE-Andachtsbuch. © 2007 SCM R.Brockhaus im SCM-Verlag GmbH & Co. KG, Witten, Seite 253.

13. November
Kurz, Daniela, aus: Christel Eggers (Hrsg.): Alle Farben deiner Freude. Das JOYCE-Andachtsbuch. © 2006 SCM R.Brockhaus im SCM-Verlag GmbH & Co. KG, Witten, Seite 342.

14. November
Manning, Brennan: Der Blick, der dich heilt. © 2005 SCM R.Brockhaus im SCM-Verlag GmbH & Co. KG, Witten, Seite 133.

15. November
Johnson, Barbara, aus: Patsy Clairmont & Barbara Johnson & Marilyn Meberg & Luci Swindoll: Freudensprünge. 90 geistliche Impulse für Frauen. © 2000² SCM Collection im SCM-Verlag GmbH & Co. KG, Witten, Seiten 90-92.